DK | Penguin Random House

Texte Steve Setford, Anita Ganeri, Lizzie Munsey, Emily Keeble, Emily Dodd, Sophie Allan, Clive Gifford, John Farndon
Lektorat Carrie Love, Marie Greenwood, Jolyon Goddard, Penny Smith, Sarah Larter
Gestaltung und Bildredaktion Charlotte Milner, Rachael Hare, Robert Perry, Karen Hood, Claire Patane, Sachin Gupta, Rituraj Singh, Vagisha Pushp, Mabel Chan
Herstellung Robert Dunn, John Casey
Illustrationen Sam Falconer
Fachliche Beratung Derek Harvey, Anthea Lacchia, John Farndon, Emily Keeble, Sophie Allan, Clive Gifford

Für die deutsche Ausgabe:
Programmleitung Monika Schlitzer
Redaktionsleitung Martina Glöde
Projektbetreuung Dörte Eppelin, Sebastian Twardokus
Herstellungsleitung Dorothee Whittaker
Herstellungskoordination Claudia Rode
Herstellung Stefanie Staat

Titel der englischen Originalausgabe:
Water Cycles

Übersetzung Eva Sixt
Lektorat Birgit Reit

ISBN 978-3-8310-4451-1

Druck und Bindung Livonia Print, Lettland

MIX
Papier | Fördert gute Waldnutzung
FSC® C018179
www.fsc.org

www.dk-verlag.de

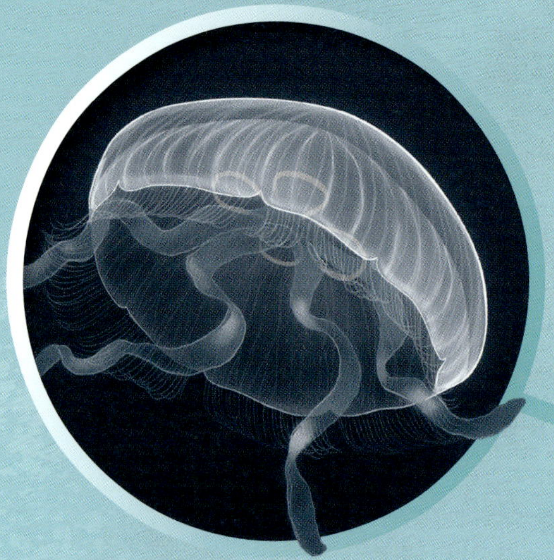

Wasser

Der Quelle des Lebens auf der Spur

DK

Inhalt

Wasser auf der Erde

Wasser in Lebewesen

Leben im Wasser

Wir und das Wasser

Was ist Wasser?

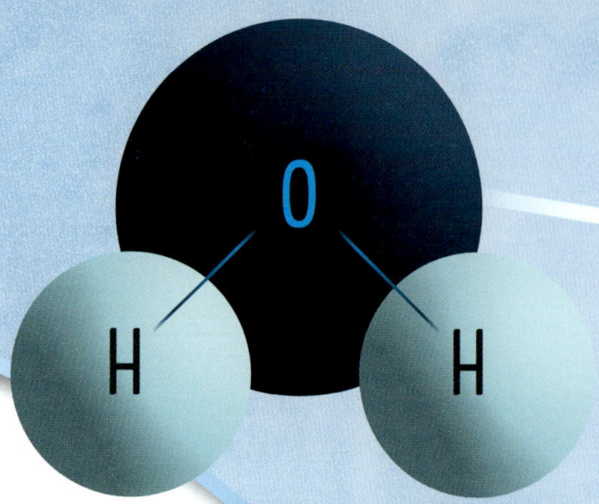

Wissenschaftler nennen das Wasser wegen des Aufbaus seiner Moleküle auch H_2O.

Weil Wasser keine Farbe, keinen Geruch und keinen Geschmack hat, kommt es uns manchmal vielleicht ein wenig langweilig vor. Aber das Wasser ist der Stoff, der unseren Planeten so besonders macht. Ohne Wasser gäbe es kein Leben auf der Erde.

Das meiste Wasser auf der Erde ist flüssig. Ab einer Temperatur von 100 °C wird es zu einem unsichtbaren Gas, das man Wasserdampf nennt. Unterhalb von 0 °C gefriert es zu Eis. Die kleinsten Wasserteilchen nennt man Moleküle. Anziehungskräfte sorgen dafür, dass sie aneinander haften. Deshalb bilden sich Pfützen, Seen und Ozeane, die mit flüssigem Wasser gefüllt sind.

Auch zwischen vielen anderen Stoffen und den Wassermolekülen wirken Anziehungskräfte, deshalb lösen sich manche dieser Stoffe im Wasser. Ihre Moleküle vermischen sich mit denen des Wassers. Wenn Wasser also durch den Boden oder durch Pflanzen und Tiere strömt, kann es gelöste Mineralstoffe, Nährstoffe und andere chemische Stoffe transportieren, die lebenswichtig sind.

Wasser formt das Land und die Küsten, wenn es als Regen vom Himmel fällt, in Flüssen, Bächen oder Gletschern fließt oder in Wellen an die Meeresküsten brandet.

Ohne Wasser wäre die Erde ein trockener, lebloser Ort.

Eis

Eis schwimmt an der Oberfläche, denn es ist leichter als flüssiges Wasser. Das hat für die Lebewesen eine große Bedeutung. Die Eisschicht schützt das Wasser vor der kalten Luft. So verhindert sie, dass das restliche Wasser und alle Lebewesen in ihm gefrieren.

Würde ein Teich vollständig gefrieren, dann würden die Tiere und Pflanzen sterben, die darin leben.

Wassermoleküle

Wassermoleküle sind selbst schon unglaublich winzig, aber sie bestehen aus noch kleineren Atomen. In jedem Wassermolekül sind zwei Wasserstoffatome mit einem Sauerstoffatom verbunden.

Einige kleine, leichte Tiere können über eine Wasseroberfläche laufen, ohne zu versinken.

Die Oberfläche

Auch die Wassermoleküle an der Oberfläche ziehen sich gegenseitig an, sodass sie einen dünnen, elastischen Film bilden. Diese Erscheinung nennt man Oberflächenspannung.

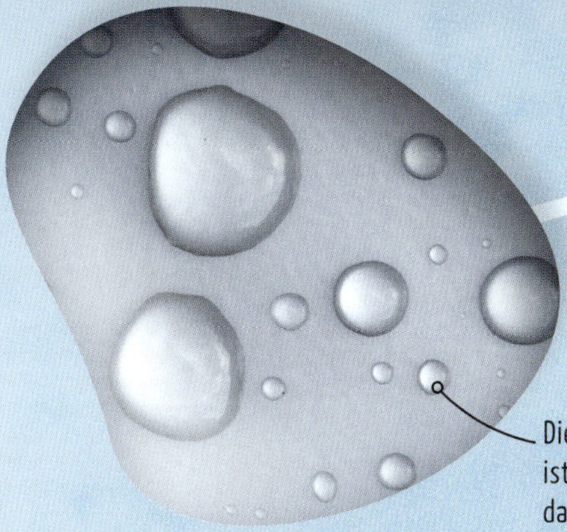

Die Oberflächenspannung ist auch der Grund dafür, dass sich Wassertröpfchen bilden.

Der Grand Canyon ist an manchen Stellen 1800 m tief und 29 km breit.

Wasser formt die Landschaften

Wasser kann Steine transportieren und in kleine Stückchen zerlegen. Der Fluss Colorado hat in Arizona (USA) im Lauf von Jahrmillionen das Gestein abgetragen und den Grand Canyon geschaffen.

Ein ununterbrochener Wasserstrom steigt in dünnen Leitgefäßen in der Pflanze auf.

Klebriges Wasser

Die „Klebrigkeit" der Wassermoleküle ist der Grund, warum Dinge nass werden. Diese Haftung sorgt auch dafür, dass in den Stängeln der Pflanzen eine Wassersäule aufsteigen kann. Das Wasser bildet eine ununterbrochene Säule von den Wurzeln bis in die Blätter, sogar bei sehr hohen Bäumen.

Einige Substanzen wie Öle und Fette stoßen das Wasser ab. Weil Wasservögel wie dieser Tölpel ihre Federn einfetten, bleibt ihr Körper trocken.

Das Wasser auf der Erde

Das meiste Wasser auf der Erde ist salzhaltig. Der kleine Anteil an Süßwasser ist hauptsächlich zu Eis gefroren oder befindet sich unter der Erdoberfläche. An der Erdoberfläche gibt es nur sehr wenig flüssiges Süßwasser.

Wasser in der Atmosphäre

Auch in der Luft gibt es Wasser. Wasserdampf ist unsichtbar und winzige Wassertröpfchen bilden die Wolken.

Grundwasser

Fast ein Drittel des Süßwassers der Erde befindet sich unter der Oberfläche und füllt kleine Hohlräume in den Gesteinen. Man nennt es Grundwasser.

Salzwasser

Das meiste Salzwasser befindet sich in den Meeren und Ozeanen, aber es gibt auch Salzwasserseen und unterirdische Salzwasserspeicher.

Süßwasser

Flüsse, Seen, Sümpfe und Moore sind für viele Lebewesen wichtige Wasserquellen. Das Süßwasser, das wir verbrauchen, kommt vor allem aus Seen und Flüssen.

Eis

Fast zwei Drittel des Süßwassers der Erde sind gefroren und bilden Gletscher, Eisschilde oder Schnee. Ein Teil davon befindet sich im Permafrost, einem Boden, der nie auftaut.

Im Boden

Im Erdboden zwischen den Bodenteilchen gibt es ungefähr genauso viel Wasser wie in der Luft. Für Pflanzen ist dieses Wasser lebenswichtig.

Wo ist Wasser?

Wenn man aus dem Weltall auf die Erde blickt, ist sie mit ihren riesigen Ozeanen, den Meeren, Seen und Flüssen vor allem blau. Wasser bedeckt etwa drei Viertel der Erdoberfläche. Aber nicht das gesamte Wasser liegt an der Oberfläche, denn ein Teil befindet sich in der Luft, im Erdboden und in den Lebewesen – auch in uns.

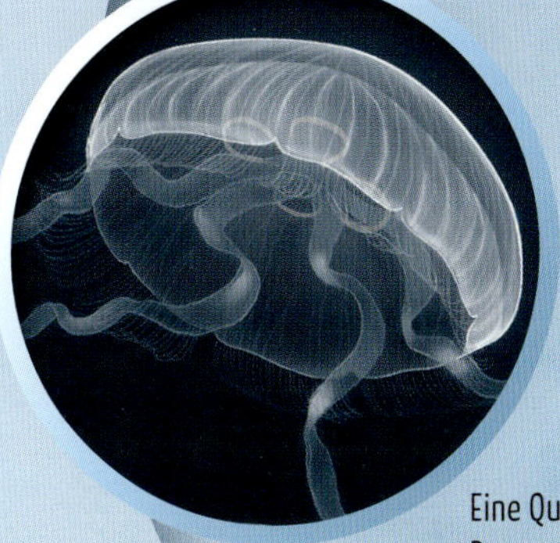

Wasser in Lebewesen

Lebewesen enthalten viel Wasser, aber der Anteil im Körper ist bei den verschiedenen Tieren und Pflanzen unterschiedlich. Während unser Körper nur etwa zur Hälfte aus Wasser besteht, ist es bei einer Qualle viel mehr.

Eine Qualle besteht zu etwa 95 Prozent aus Wasser, ein erwachsener Mensch dagegen nur zu 50 bis 60 Prozent.

Wasser im Weltall

Die Erde ist der einzige Planet im Sonnensystem, auf dessen Oberfläche es Meere und Seen aus flüssigem Wasser gibt. Auf dem Mars und den Monden einiger Planeten gibt es jedoch Eis. Brocken aus Eis und Staub bewegen sich im Sonnensystem umher. Forscher entdecken immer mehr Planeten in entfernten Galaxien, auf denen es Wasser geben könnte.

Eisschilde bedecken die Pole des Mars, aber es gibt kein flüssiges Wasser an der Oberfläche.

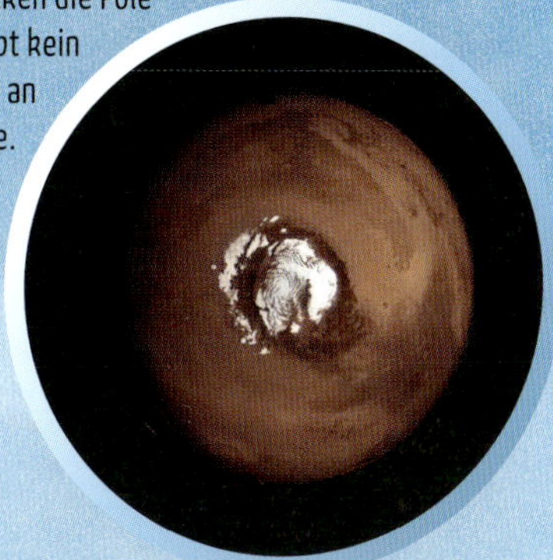

Alles Salz in den Meeren der Erde ergäbe eine Salzkugel mit 1385 Kilometern Durchmesser.

Warum ist Wasser salzhaltig?

Schon vor vielen Milliarden Jahren löste das Wasser Salze aus den Gesteinen der jungen Erde, sodass die Ozeane salzhaltig wurden. Auch im Körper der Meerestiere befindet sich Salz, und ein Teil des Salzes im Meerwasser lagert sich auf dem Meeresgrund ab. Ständig wird neues Salz aus den Gesteinen des Festlands gelöst und in die Ozeane gespült.

Flüsse transportieren gelöstes Salz ins Meer, sodass sein Salzgehalt steigt.

Wenn Wasser aus dem Meer in die Luft verdampft, bleibt das Salz zurück. Deshalb fällt Süßwasser als Regen auf den Erdboden.

Kreisläufe

Ein Kreislauf ist eine Folge von Ereignissen, die sich wiederholen, wie der Auf- und Untergang der Sonne oder der Lauf der Jahreszeiten. Wasser ist in viele Kreisläufe eingebunden. Das Wasser auf der Erde ist auf verschiedene Weise und in unterschiedlicher Form immer in Bewegung.

Unser tägliches Wasser

Das Wasser, das wir täglich nutzen, stammt aus dem Wasserkreislauf (siehe rechts). Wir entnehmen es aus Flüssen, Seen oder dem Grundwasser. Es wird gereinigt und in die Häuser gepumpt. Nachdem wir es verwendet haben, gelangt es zurück in die Flüsse und Meere.

Damit die Natur nicht geschädigt wird, muss das Abwasser aus unseren Haushalten gereinigt werden, bevor es wieder in den Wasserkreislauf gelangt.

Wasser in den Lebewesen

Wasser ist an chemischen Prozessen in allen Lebewesen beteiligt und deshalb lebenswichtig. Lebewesen nehmen Wasser aus ihrer Umgebung auf, es wandert durch sie hindurch und wird am Ende zusammen mit Abfallstoffen wieder abgegeben.

Tiere müssen trinken, um das Wasser zu ersetzen, das sie beim Atmen und mit dem Kot und Urin verlieren.

Der Anteil des Wassers auf der Erde verändert sich nie. Es durchläuft den Kreislauf immer wieder.

2 Wasser an der Meeresoberfläche verdunstet und verwandelt sich in Wasserdampf, der in die Luft aufsteigt.

1 Die Sonne wärmt die Ozeane auf.

Amphibien leben im Wasser und an Land.

Der Europäische Aal wandert im Lauf seines Lebens vom Salzwasser ins Süßwasser und wieder zurück.

Kreisläufe des Lebens

Die Flüsse, Sümpfe, Felsenstrände, Korallenriffe und das offene Meer bieten vielen Tier- und Pflanzenarten Lebensräume. In einem ewigen Kreislauf werden sie geboren, wachsen, bekommen Nachwuchs und sterben.

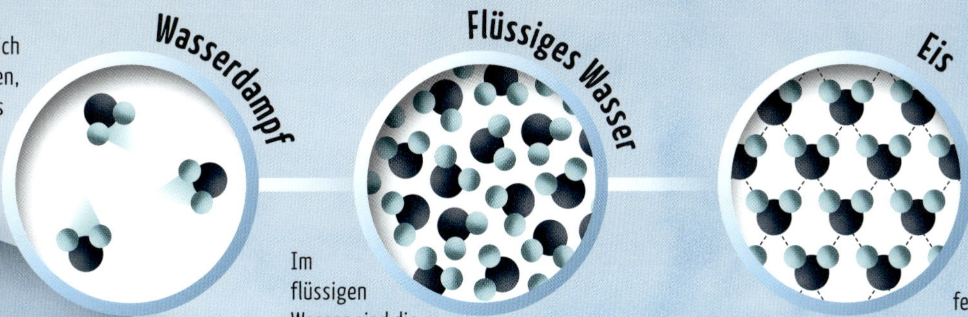

Der Wasserkreislauf

Das Wasser auf der Erde bewegt sich in einem unendlichen Kreislauf zwischen den Meeren, der Atmosphäre und dem Festland. Die Energie der Sonne treibt diesen Kreislauf an. Das Wasser ist flüssig, fest oder gasförmig, je nachdem, ob es Wärme aufnimmt oder abgibt.

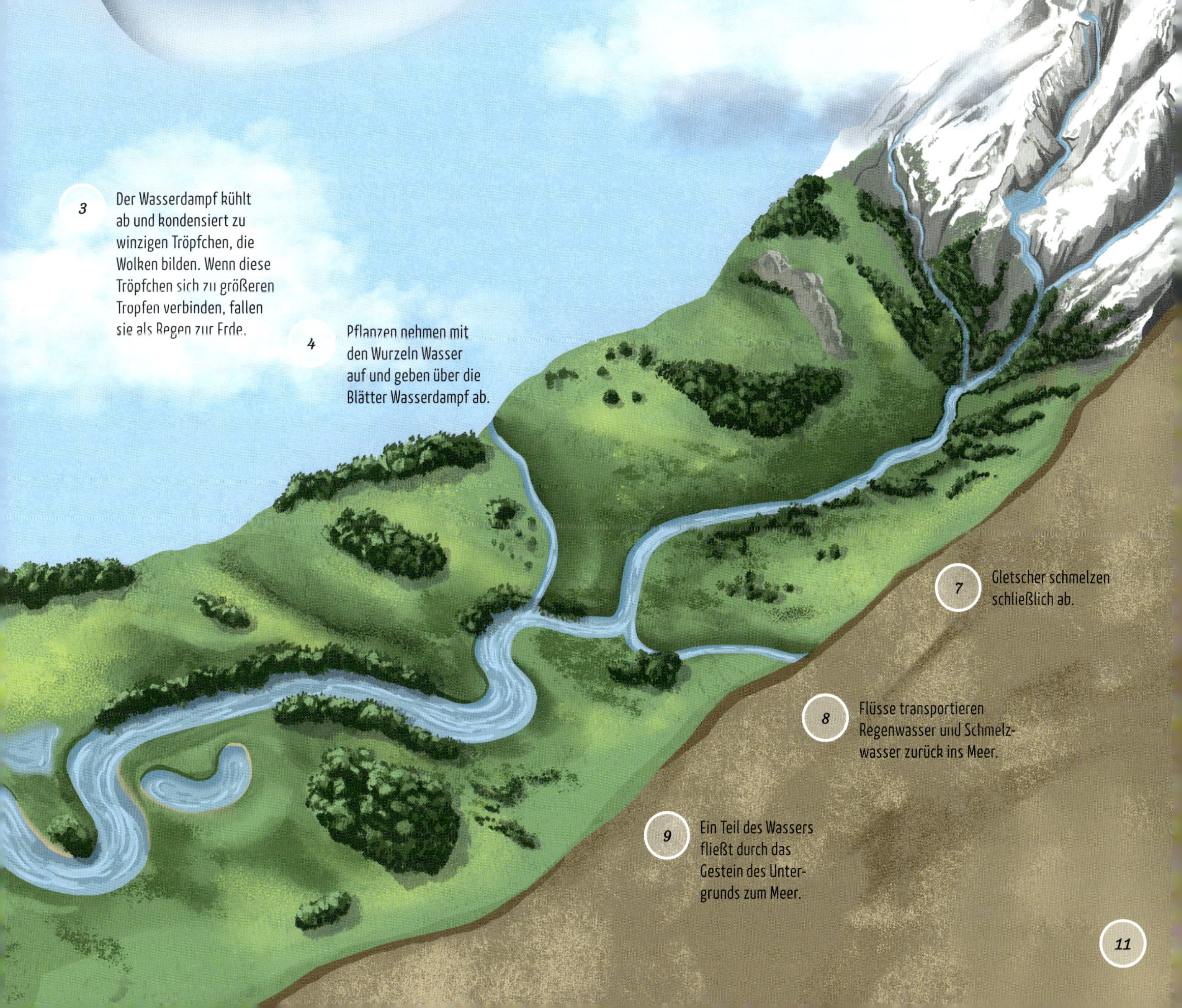

Wasser auf der Erde

Auf unserem faszinierenden Planeten ist das Wasser ständig in Bewegung. Es gibt Ebbe und Flut und Wasser fällt als Regen vom Himmel, strömt Berghänge hinab und fließt schließlich in die Meere und Ozeane. Es durchläuft einen ewigen Wasserkreislauf. Das Wetter und viele Lebensräume sind vom Wasser abhängig. Es verändert die Küstenlinien und formt die Landschaften.

Kraft des Wassers

Überall in der Natur ist Wasser. Es formt die Landschaften und verändert die Küstenlinien, füllt Flüsse und stürzt tosend Wasserfälle hinab. Wasser bestimmt, ob ein Gebiet trocken und öde ist oder einen üppig bewachsenen Lebensraum für viele Tiere bietet.

Tropische Wirbelstürme bringen heftigen Regen und starke Stürme.

Manche Gebirge sind während des ganzen Jahres mit Schnee bedeckt. In anderen Gegenden liegt nur im Winter Schnee.

Wetter

Als Wetter bezeichnet man den Zustand der Atmosphäre an einem bestimmten Ort und zu einer bestimmten Zeit. Wasser spielt für das Wetter eine wichtige Rolle. Es gibt Niederschläge wie Regen, Hagel, Schnee oder Schneeregen. Wenn es draußen warm und feucht ist, befindet sich mehr Wasser in der Atmosphäre. Das typische Wetter im Verlauf des ganzen Jahres schafft das Klima der Regionen.

Große Hagelkörner beschädigen manchmal sogar Gebäude.

Ein Regenbogen entsteht, wenn Licht durch Wassertröpfchen fällt, die nach einem Regen noch in der Atmosphäre sind.

Überschwemmungen nach einem heftigen Regen können Schäden verursachen. Leider gibt es wegen der Klimakrise immer öfter Überschwemmungen.

Küsten und Klimawandel

Tief gelegene Regionen und Küsten werden überflutet, wenn der Meeresspiegel wegen des Klimawandels steigt. Weil das Klima wärmer wird, schmilzt das Eis der Gletscher und Eisschilde. Außerdem dehnt sich das Wasser der Ozeane aus. Mehr als 600 Mio. Menschen leben zurzeit in Küstenregionen, die weniger als 10 m über dem Meeresspiegel liegen und im Meer versinken könnten.

Die „Sand Engine" in den Niederlanden ist eine künstlich aufgeschüttete Sandablagerung entlang der Küste. Sie soll das flache Gebiet dahinter vor dem Meer schützen.

Auch auf Eisbergen wie diesem in der Antarktis leben Tiere und andere Lebewesen.

Wasser und Leben

Alle Lebewesen sind vom Wasser abhängig. Tiere und Pflanzen enthalten viel Wasser und Wälder wachsen dort, wo genügend Regen fällt. Milliarden Lebewesen leben im Wasser – in Ozeanen, Flüssen und Seen. Andere, wie die Frösche, verbringen zumindest einen großen Teil ihres Lebens im Wasser. Einige Mikroben kommen sogar im Eis der Polargebiete vor.

Die Niagarafälle liegen an der Grenze zwischen Kanada und den USA. Jede Minute stürzt hier eine Wassermenge hinab, die etwa 70 olympische Schwimmbecken füllen könnte.

So üppig wachsen Pflanzen nur, wenn sehr häufig Regen fällt und die Luftfeuchtigkeit hoch ist.

Landschaften im Wandel

Wasser hat die Kraft, die Natur zu formen. Das kann schnell gehen, wie bei einer Überflutung nach starkem Regen, oder langsam, wenn ein Gebirgszug im Lauf der Zeit abgetragen wird. Es dauert viele Jahre, bis Wasser Gesteine abtransportiert und Höhlen formt. Ein Wasserfall bildet sich, wenn ein Fluss weiches Gestein nach und nach abträgt.

Wasser kann ungewöhnliche Gesteinsformationen wie diese Stalaktiten in einer Höhle in New Mexiko schaffen.

Ozeane entstehen und verschwinden

Im Lauf der Erdgeschichte bewegten sich die Kontinente und die Ozeane wurden größer und schrumpften wieder. Da sich der Meeresspiegel veränderte, wurden einige Kontinente überflutet und andere Landmassen tauchten aus dem Meer auf. Diese Veränderungen beeinflussten die Evolution der Lebewesen.

Einige Wissenschaftler glauben, dass Meteoriten einen Teil des Wassers auf die Erde brachten.

Schneeball-Erde

Bei der längsten und kältesten Eiszeit der Erdgeschichte waren vielleicht die meisten oder alle Ozeane mit einer Eisschicht bedeckt. Die Forschung nennt das die Schneeball-Erde-Hypothese.

Heute bilden etwa 1,7 Prozent des Wassers auf der Erde die Eisschilde und Gletscher.

Entstehung der Erde

4,54 Mrd.

Erste Ozeane

Auf der jungen Erde war es so heiß, dass flüssiges Wasser nicht lange an der Oberfläche blieb. Erst als sich die Erde abgekühlt hatte, füllten sich die Ozeanbecken allmählich mit Wasser, das vorher in den Gesteinen eingeschlossen war. In diesen Ozeanen entwickelten sich die ersten Lebewesen.

4,4 Mrd.

Sauerstoffbildung

An Schichten aus rostigem Eisen, die man Bändereisenerze nennt, erkennt man, wann die Erdatmosphäre sauerstoffreich wurde. Frühe Lebewesen betrieben Fotosynthese und setzten den Sauerstoff frei.

3,5 Mrd.

700 Mio.

Mrd. = vor Milliarden Jahren
Mio. = vor Millionen Jahren

230 Mio.

100 Mio.

66 Mio.

Treibhausklima

Zu manchen Zeiten stieg die Temperatur so stark an, dass die Eisschilde an den Polen abtauten. Deshalb stieg der Meeresspiegel. In der Kreidezeit war die Lage der Kontinente schon ähnlich wie heute und ein großer Teil der Landmassen war von Meeren bedeckt: Es gab z. B. das Western Interior Seaway, ein Flachmeer mitten in Nordamerika.

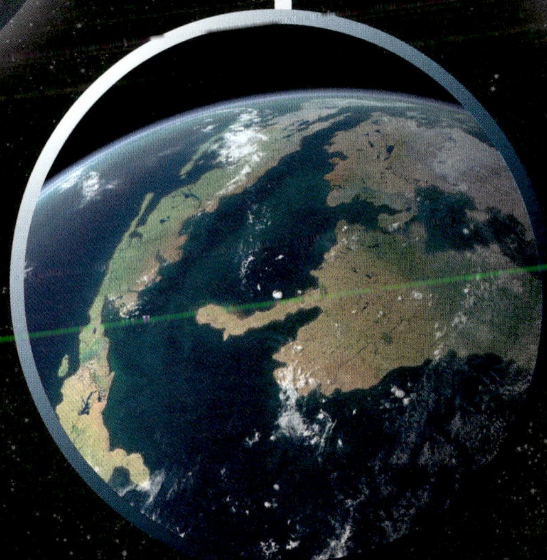

In den weiten Ebenen der Great Plains in Nordamerika findet man heute versteinerte Plesiosaurier, Haie und Ammoniten.

Riesige Ozeane

Als alle Kontinente in einem einzigen Superkontinent vereinigt waren, gab es auch nur einen Ozean. Der Urozean Panthalassa umgab den Superkontinent Pangäa, den letzten Superkontinent in der Erdgeschichte.

Drift der Kontinente

Da sich die tektonischen Platten der Erdkruste bewegen, driften auch die Kontinente, die auf ihnen liegen. Im Lauf der Zeit bewegten sie sich in ihre heutige Lage.

Wolken

Alle Wolken bestehen aus winzigen Wassertröpfchen oder Eiskristallen, von den flauschigen Wattewölkchen hoch am Himmel bis zu den dunkelgrauen Regenwolken. Du siehst die Wolken, weil die Tröpfchen oder Kristalle das Licht der Sonne reflektieren. Hier kannst du verfolgen, wie sich eine Gewitterwolke bildet.

Wolken bilden sich

Eine Wolke bildet sich, wenn sich Millionen Wassertröpfchen oder Eiskristalle zusammenlagern. Wenn mehr warme Luft aufsteigt und immer mehr Wasser kondensiert, wird die Wolke breiter und höher. Man nennt sie Haufenwolke oder Kumuluswolke.

Abkühlung

Wenn der Wasserdampf aufsteigt, kühlt er ab und kondensiert an Staub und anderen kleinen Teilchen in der Luft. Er verwandelt sich in kleine Tröpfchen oder Eiskristalle.

Erwärmung

Die Sonne erwärmt das Wasser in Meeren und Seen oder den Boden und die Pflanzen. Das Wasser verdunstet und verwandelt sich dabei in Wasserdampf. Die warme, feuchte Luft steigt auf.

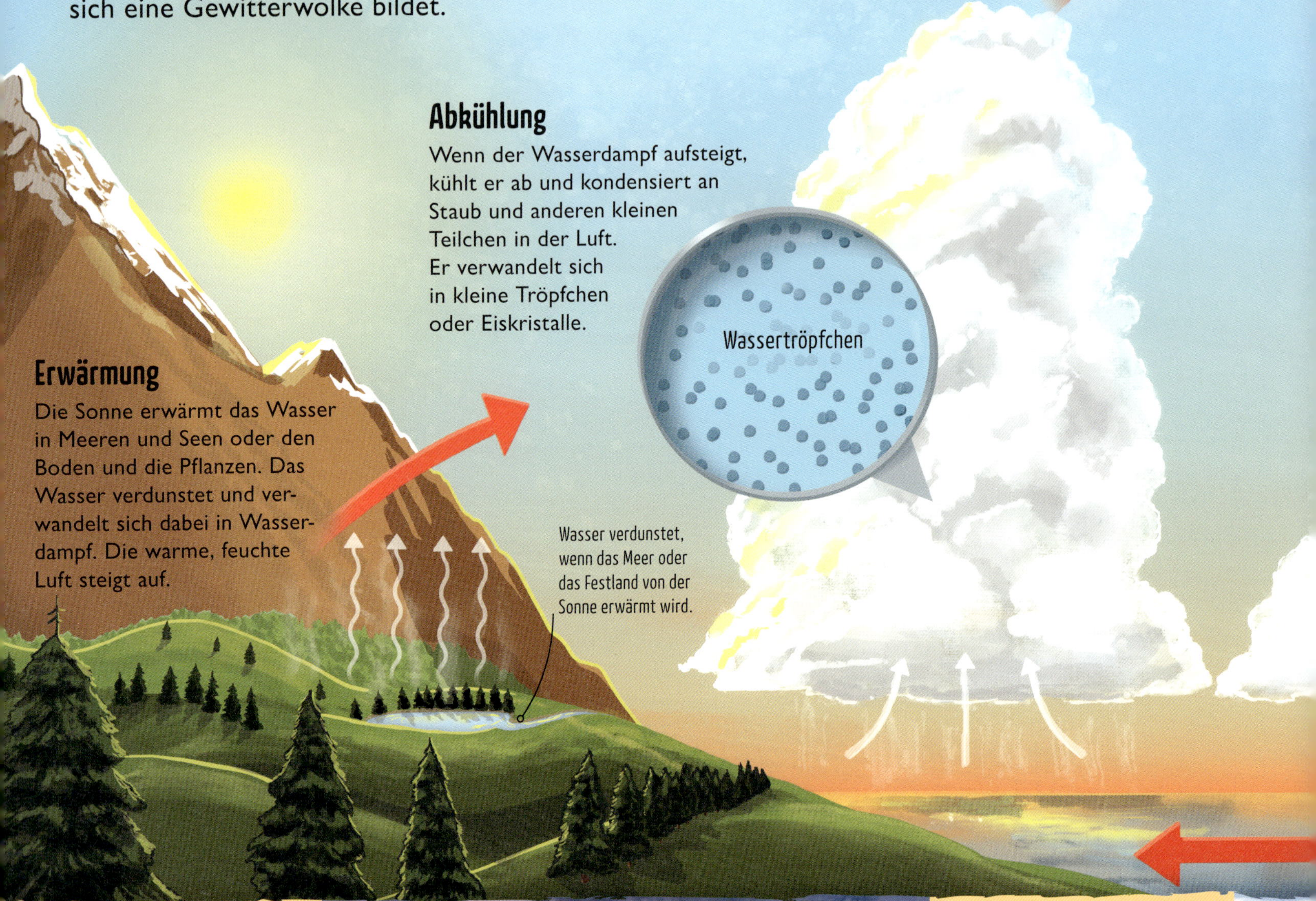

Blitze Starke Luftströme in einer Gewitterwolke bewirken, dass Wassertröpfchen und Kristalle zusammenstoßen. Dabei entsteht Elektrizität. Elektrischer Strom fließt als Blitz durch die Wolke oder zwischen der Wolke und dem Boden.

Nebel Wir stellen uns Wolken meistens hoch am Himmel vor, aber sie können sich auch in Bodennähe bilden. Man nennt sie dann Nebel. Dieses Gebirgstal ist in Nebel gehüllt.

Eine gewaltige Wolke

Wenn eine gewaltige warme Luftmasse aufsteigt, wird die Haufenwolke größer. Am Ende ist sie riesig und man nennt sie nun Kumulonimbus-wolke. In ihr bewegen sich Wassertröpfchen und Eiskristalle in kräftigen Luftströmungen auf und ab. Wenn die Wassertröpfchen so groß werden, dass sie nach unten fallen, regnet es.

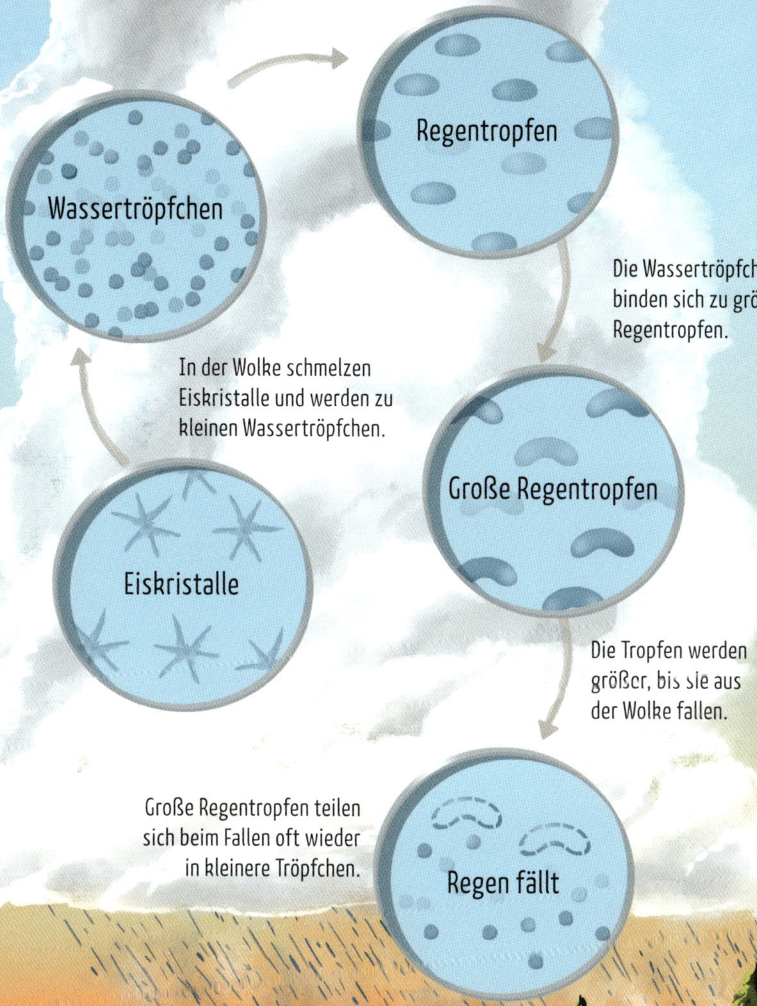

Die Wolke verschwindet

Schließlich steigt keine warme Luft mehr auf oder die Wolke vermischt sich mit trockener Luft aus der Umgebung. In diesem Stadium kondensiert kein Wasserdampf mehr. Die Wolke schrumpft und löst sich auf.

Mehr erfahren

Lies nach, welche unterschiedlichen Wolken es gibt und wie sie sich bilden (S. 20–21).

Wolken im Weltall Auch andere Planeten sind von Wolken umgeben. Anders als die Wolken auf der Erde bestehen sie aber oft nicht aus Wassertröpfchen. Die kalten, wirbelnden Wolken um den Planeten Jupiter bestehen aus Gas und Staub.

Wolkenarten

Es gibt drei Hauptarten von Wolken. Die Namen beschreiben ihre Form: Zirrus (Federwolken), Kumulus (Haufenwolken) und Stratus (Schichtwolken). Wenn man sie kombiniert, kann man die einzelnen Wolkenarten genauer beschreiben: „Stratokumulus“ sind zum Beispiel „schildförmige Haufenwolken“. Einige Wolken bilden sich in großer Höhe, andere dichter über dem Erdboden.

Niederschläge bestehen aus Wasser, das vom Himmel auf die Erde fällt. Ist es flüssig, fällt Regen, und ist es gefroren, dann schneit oder hagelt es.

Zirrus Dünne, flauschige Federwolken bestehen aus Eiskristallen. Sie bilden sich sehr hoch am Himmel.

Zirrokumulus Diese kleinen Wattewölkchen bilden sich manchmal, wenn Zirrostratuswolken aufbrechen.

In großer Höhe

Zirrostratus Die dünnen, flachen Wolken lassen den Himmel grau erscheinen. Sie sind ein Zeichen dafür, dass es am nächsten oder übernächsten Tag regnen könnte.

In mittlerer Höhe

Altostratus Diese Wolkenschichten färben den Himmel dunkelgrau und kündigen meistens Regen an.

Altokumulus Kleine, weiße Wolken wie diese nennt man auch Schäfchenwolken.

Kumulonimbus Diese riesigen Wolken hängen oft tief und ragen bis hoch in die Atmosphäre auf. Sie können Gewitter mit heftigen Regenfällen, Hagel und Blitzen bringen.

Stratus Stratuswolken bedecken oft einen großen Teil des Himmels. Sie können weiß oder grau sein. Aus ihnen fällt oft Regen oder Nieselregen.

Kumulus Weiße Kumuluswolken bilden sich oft bei schönem Wetter, wenn die warme Luft in den kühleren Himmel aufsteigt. Sie können sich in Kumulonimbuswolken verwandeln.

Stratokumulus Aus diesen grauen Wolken kann es regnen. Sie verwandeln sich manchmal in Nimbostratuswolken.

Nimbostratus Die dicken, grauen Wolken bringen oft stundenlange Regen- oder Schneefälle.

Nah am Erdboden

Tropische Wirbelstürme

Diese kreiselnden Stürme bewegen sich über weite Strecken. Dabei regnet es heftig und oft werden Küsten überflutet. Tropische Wirbelstürme dauern etwa neun Tage. Je nach Region heißen sie Zyklone, Hurrikane oder Taifune.

Gewitter

Tropische Wirbelstürme beginnen mit mehreren Gewittern, die sich meistens über dem warmen Meer nördlich und südlich des Äquators entwickeln.

Allmähliches Ende

Wenn ein tropischer Wirbelsturm sich über ein kühleres Meer oder eine kühle Landmasse bewegt, verliert er allmählich seine Energie und die Windgeschwindigkeit nimmt ab. Schließlich flaut er zu einem Tropensturm ab und verschwindet irgendwann völlig.

Der Wirbelsturm trifft auf Festland

Ein tropischer Wirbelsturm beginnt über dem Meer und bewegt sich manchmal auf das Festland zu. Unter einem Wirbelsturm kann der Meeresspiegel bis zu 6 m steigen. Riesige Wellen überfluten die Küste und beschädigen oder zerstören Gebäude und Straßen.

Die Luftmassen drehen sich

Luft von außerhalb ersetzt die feuchte Luft, die aufsteigt, und dabei entsteht Wind. Weil sich die Erde um ihre Achse dreht, beginnen diese Winde zu kreiseln. Ein Wirbelsturm entwickelt sich.

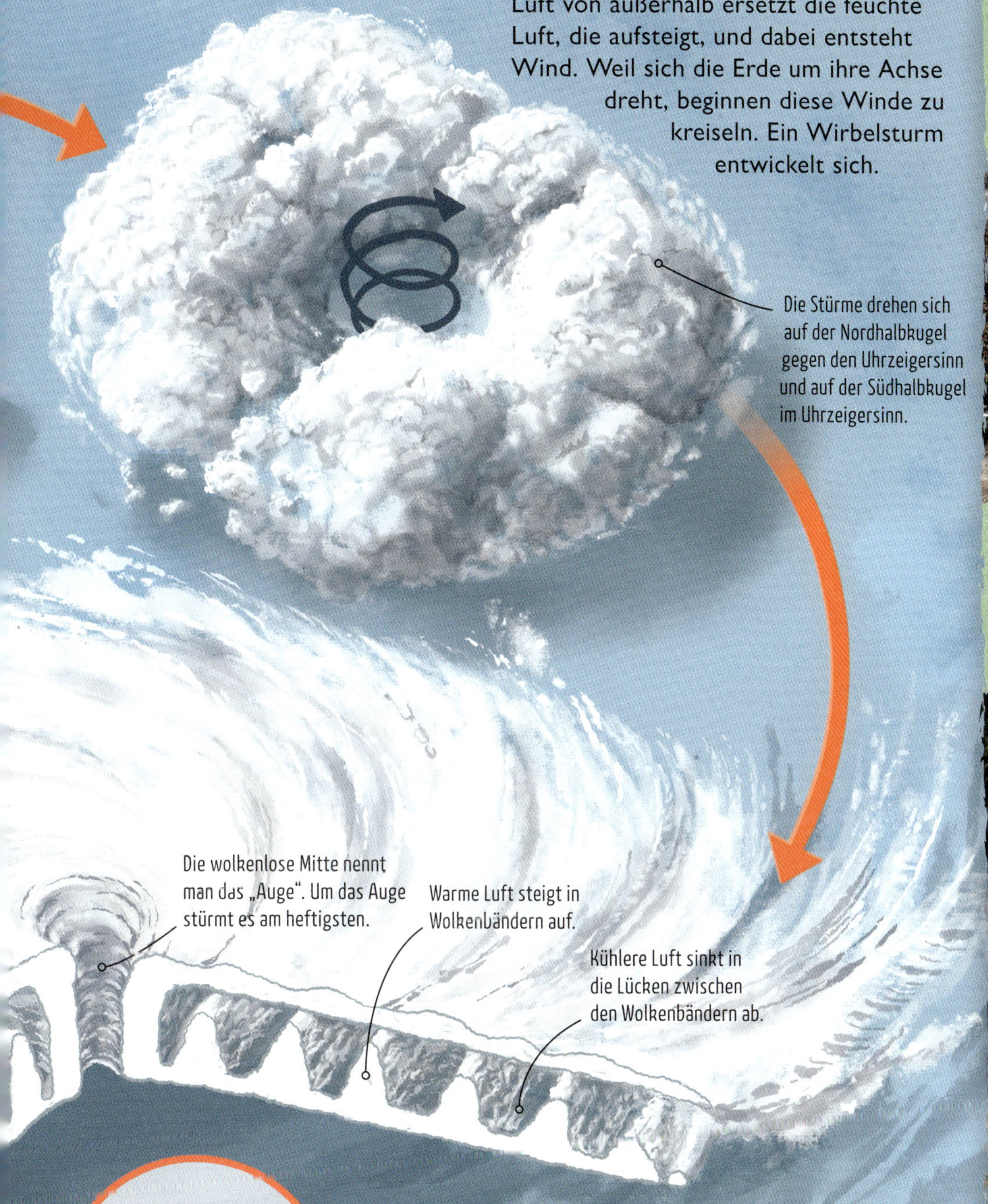

Mehr erfahren
Informiere dich über die Wolkenarten (S. 20–21) und lies nach, wie sich Wolken bilden (S. 18–19).

Der Sturm wird heftiger

Über der warmen Meeresoberfläche nimmt der Wirbelsturm Energie auf. Wenn die Windgeschwindigkeit mehr als 63 km/h erreicht, nennt man ihn einen Tropensturm. Er wächst weiter und wird immer stärker. Wenn er 119 km/h erreicht, nennt man ihn einen tropischen Wirbelsturm.

Die Windstärke Die Stärke von Wirbelstürmen lässt sich auf einer Skala messen. In verschiedenen Teilen der Erde benutzt man unterschiedliche Skalen. Die Saffir-Simpson-Skala wird z. B. im Atlantik und in Teilen des Pazifiks verwendet.

Verwüstungen Ein tropischer Wirbelsturm im Jahr 1979 war der heftigste, der jemals dokumentiert wurde. Er hatte einen Durchmesser von 2220 km.

Gefährliche Forschung Wissenschaftler fliegen mit Flugzeugen in tropische Wirbelstürme hinein, um Daten über den Luftdruck und die Windgeschwindigkeit zu sammeln.

Schneeflocken

Schneeflocken fallen wie Regen, Schnee und Hagel aus Wolken. Sie bestehen aus winzigen Kristallen. Rasch ist der Erdboden mit weichem, weißem Schnee bedeckt. Eine Schneeflocke setzt sich aus etwa 50 Eiskristallen zusammen und jeder Schneekristall ist einzigartig.

Ein Körnchen Staub

Eine Schneeflocke beginnt als Staubkorn in einer Wolke. Wasserdampf bleibt am Staub haften und bildet ein Wassertröpfchen.

Kristalle bilden sich

An den Ecken des Eisgebildes lagert sich mehr Wasserdampf an, sodass sich kleine Ärmchen bilden. Alle Schneekristalle haben sechs Arme. Das hat mit der Anordnung der Wassermoleküle im Eiskristall zu tun.

Die Schneeflocke fällt

Alle Schneekristalle haben zwar sechs Ärmchen, aber sie wachsen jeweils zu einer einzigartigen Form heran. Diese ist abhängig von der Temperatur und der Luftfeuchtigkeit in der Wolke. Wenn mehrere Kristalle sich zusammenballen und schwerer werden, fallen sie schließlich als Flocke herab.

Kugeliges Eisgebilde

Das Tröpfchen gefriert und bildet eine Eiskugel. Wenn sich mehr Wasserdampf an der Kugel anlagert, wächst der Eiskristall.

Mehr erfahren

Lies über die wichtigsten Arten von Wolken nach (S. 20–21).

Der Schnee schmilzt

Schließlich fällt die Schneeflocke zu Boden. Wenn der Schnee wieder schmilzt, verdampft das Wasser und der Kreislauf beginnt von Neuem.

Wird es schneien? Hohe Berggipfel und die Polargebiete sind ständig mit Schnee oder Eis bedeckt. In anderen Gegenden fällt dann am meisten Schnee, wenn die Lufttemperatur knapp über dem Gefrierpunkt liegt.

Schnee schützt Etwa 90 Prozent der Schneedecke bestehen aus Luft. Die eingeschlossene Luft kann sich nicht bewegen und Wärme abtransportieren, deshalb isoliert Schnee gut. Einige Tiere wie Eisbären graben daher schützende Höhlen in den Schnee.

Iglu Iglus werden mit Blöcken aus gefrorenem Schnee erbaut. Ein Iglu schützt vor der Kälte. Auch wenn es draußen –45 °C hat, kann die Temperatur im Iglu allein durch die Körperwärme eines Menschen auf 16 °C ansteigen.

Die Quelle

Wolken bringen Regen und Schnee, der auf Hügel und Berge fällt. Das Wasser fließt in kleinen Wasserläufen herab und bildet einen Bach. Im Frühling schmilzt der Schnee auf den Gipfeln und das Schmelzwasser gelangt in die Bäche. Sie fließen die steilen Hänge hinab und bilden Wasserfälle.

Etwa 200 000 Tonnen Wasser transportiert der Amazonas in jeder Sekunde in den Atlantischen Ozean.

Täler

Während der Fluss bergab fließt, gräbt er allmählich Täler und Schluchten in die Landschaft. Kleinere Flüsse münden in einen Hauptfluss. Das Wasser und die Gesteine, die es vorwärts befördert, tragen das Flussbett allmählich ab. Das Wasser transportiert Sedimente (Sand und Kieselsteine) flussabwärts. Wenn die Sedimente abtransportiert werden, bezeichnet man dies als Erosion der Landschaft.

Mäander

Schleifen bilden sich, wenn das eine Flussufer stärker abgetragen wird als das andere. Mit der Zeit schlängelt sich der Fluss durch die Landschaft. Man nennt diese Kurven Mäander.

Fluss

Ein Fluss entsteht als Bach auf einem Hügel oder Berg. Auf dem Weg zum Meer münden andere Bäche und Flüsse in ihn, sodass er immer breiter wird. Flüsse tragen die Landschaften ab, graben sich in Gesteine ein und schaffen dabei Täler und tiefe Schluchten oder Canyons.

Mehr erfahren

Finde heraus, wie der Wasserkreislauf der Erde angetrieben wird (S. 10–11).

Der Wasserdampf bildet Wolken.

Die Flussmündung

Wo ein Fluss ins Meer mündet, teilt er sich oft in viele Wasserläufe. Manchmal wird er breiter und bildet einen Ästuar, in dem sich das Flusswasser mit dem salzhaltigen Meerwasser vermischt. Ein Teil des Wassers verdampft, steigt in die Atmosphäre auf und fällt schließlich erneut als Regen herab, der wieder in den Fluss gelangt.

Flussaue

Wenn der Fluss über die Ufer tritt, lagert er Sedimente ab. Es bildet sich eine flache Landschaft, die wir Flussaue nennen.

Altwasser

Wenn der Fluss viel Wasser führt, kann er das Land durchbrechen und eine Schlinge abtrennen. Ein solches Stillgewässer nennt man auch Altwasser.

Trockenzeit Manche Flüsse trocknen zu bestimmten Jahreszeiten aus. Sie fließen nur, nachdem es heftig geregnet hat, und verschwinden bald wieder.

Canyons Der Grand Canyon in den USA wurde im Lauf sehr langer Zeit von dem Fluss Colorado ausgeschliffen. Die riesige Schlucht ist an einigen Stellen 29 km breit und bis zu 1800 m tief.

Flussdelta Als Delta bezeichnet man eine Landfläche aus Sedimenten, die ein Fluss mit der Zeit an seiner Meeresmündung ablagert.

Wasserfall

Wasserfälle gehören zu den spektakulärsten Naturwundern der Erde. Ein Wasserfall bildet sich, wenn ein Fluss weiche Gesteine abträgt, sodass eine Felskante zurückbleibt, über die das Wasser strömt.

Mehr erfahren
Finde heraus, wie ein Fluss seinen Anfang nimmt und schließlich ins Meer mündet (S. 26–27).

Der Wasserfall wandert

Die überhängende Kante wird mit der Zeit instabil und stürzt in das Becken. Weil das Gestein weiter abgetragen wird, bewegt sich der Wasserfall allmählich flussaufwärts.

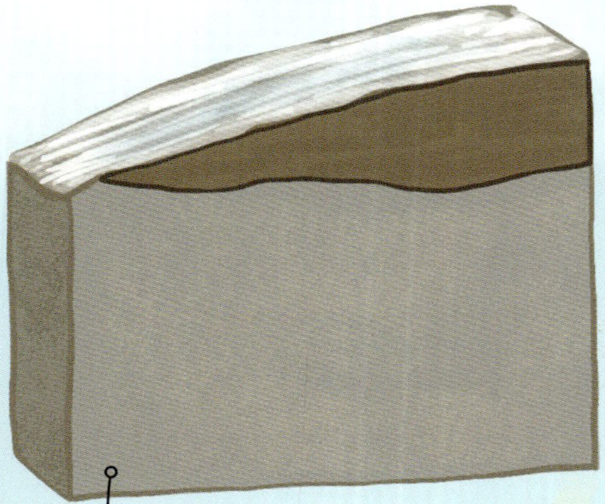

Unterschiedlich harte Gesteine

Wasserfälle bilden sich, wenn ein Fluss über hartes Gestein fließt, unter dem sich weicheres Gestein befindet. Das Wasser trägt das weiche Gestein schneller ab als das harte.

Erosion

Im Lauf der Zeit wird immer mehr weiches Gestein vom fließenden Wasser und den mitgeführten Steinen abgetragen. So entsteht eine steile Stelle im Flussbett.

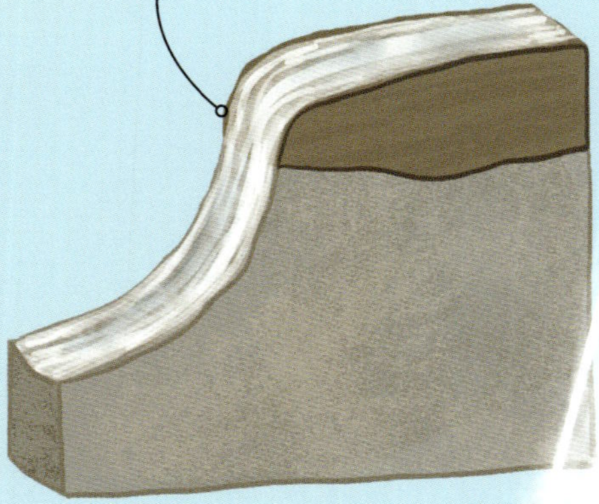

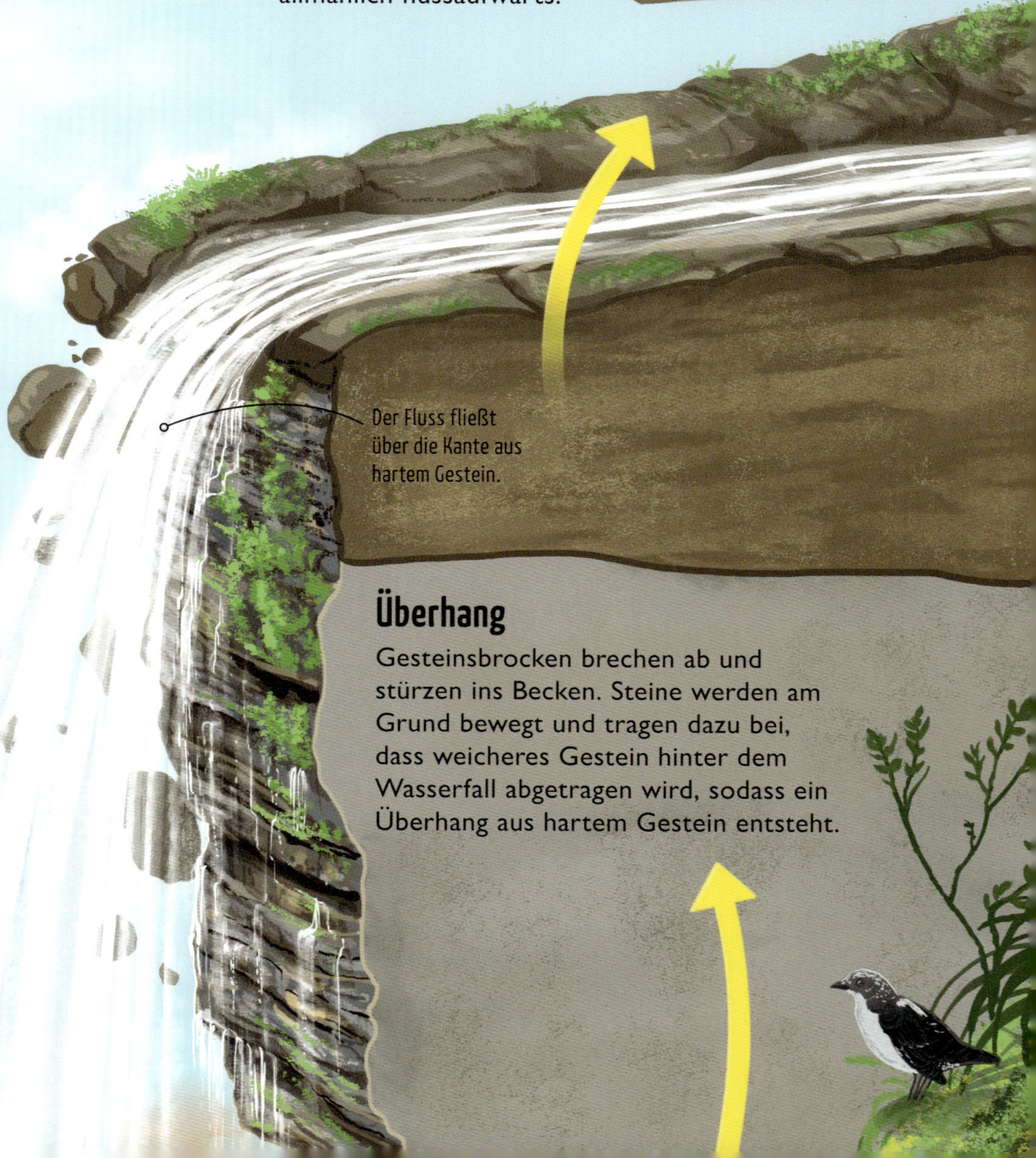

Überhang

Gesteinsbrocken brechen ab und stürzen ins Becken. Steine werden am Grund bewegt und tragen dazu bei, dass weicheres Gestein hinter dem Wasserfall abgetragen wird, sodass ein Überhang aus hartem Gestein entsteht.

Tosbecken

Das schnell fließende Wasser höhlt ein Becken aus. Jetzt stürzt das Wasser senkrecht hinein und ein Wasserfall ist entstanden.

Der Salto Ángel in Venezuela stürzt 979 Meter in die Tiefe. Er ist der höchste Wasserfall.

Stufen Viele Wasserfälle bilden mehrere Stufen. Zu den spektakulärsten gehören die Iguazú-Wasserfälle in Südamerika. Sie liegen an der Grenze zwischen Argentinien und Brasilien.

Gefrorener Wasserfall

Im Winter kann ein Wasserfall gefrieren. Der Fluss hört dann auf zu fließen und riesige Eiszapfen bilden sich. Wagemutige Kletterer haben hier jede Menge Spaß!

Grundwasser

Das Wasser, das sich in den Gesteinen der Erdkruste befindet, nennt man Grundwasser. Es macht fast ein Drittel des gesamten Süßwassers der Erde aus. Unter der Oberfläche sickert das Wasser in die Spalten und kleinen Löcher des porösen Gesteins. Es bewegt sich langsam abwärts – so, wie Wasser in Sand versickert. Ein Teil des Grundwassers erscheint irgendwann wieder an der Oberfläche, denn es ist Teil des großen Wasserkreislaufs. Grundwasser ist in vielen Regionen der Erde für uns eine wichtige Wasserquelle.

Wolken und Regen

Wenn die feuchte Luft aufsteigt und abkühlt, verwandelt sich der Wasserdampf in größere Tröpfchen oder Eiskristalle, die Wolken bilden. Regen und Schnee fallen aus den Wolken auf den Erdboden.

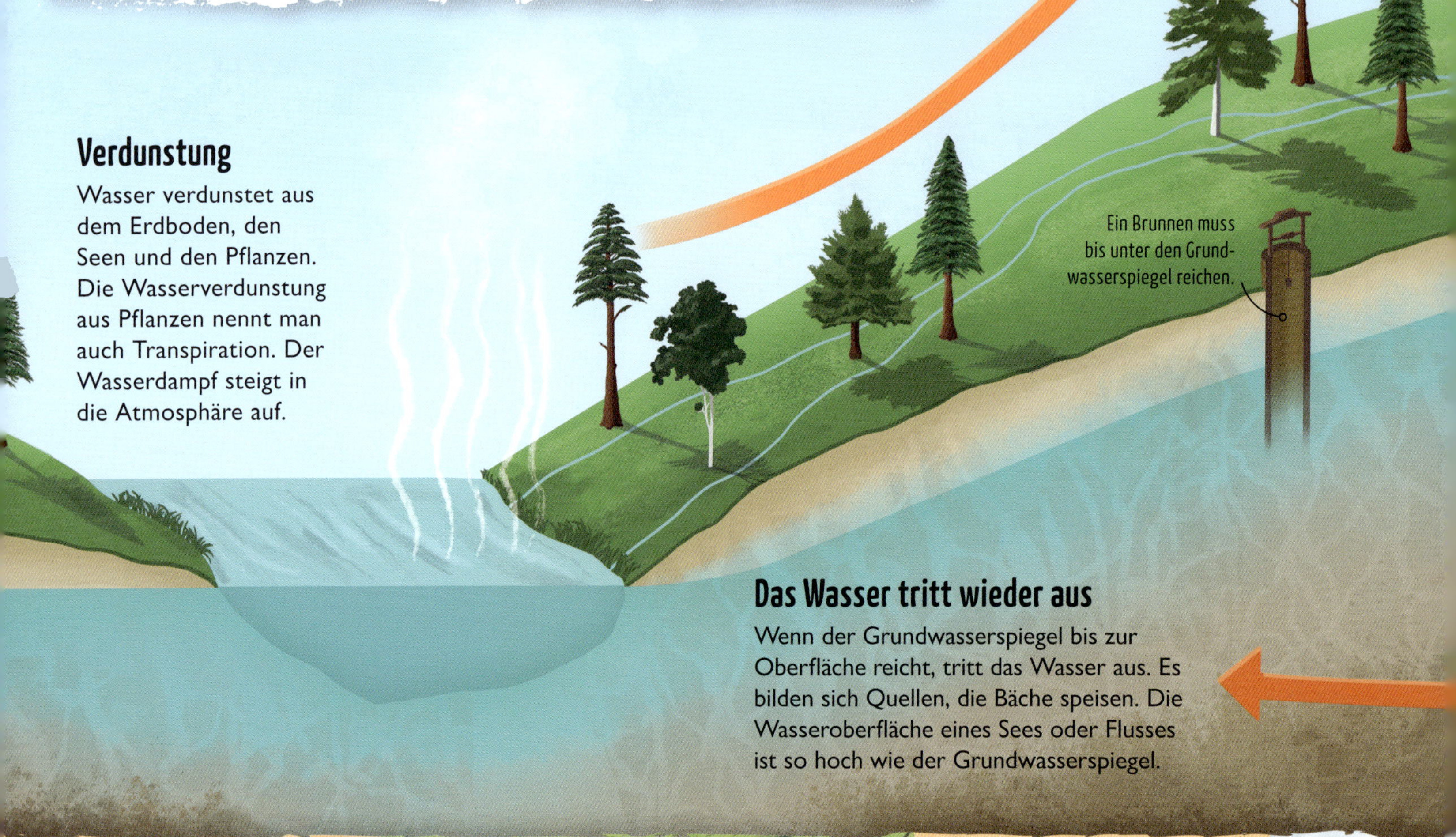

Verdunstung

Wasser verdunstet aus dem Erdboden, den Seen und den Pflanzen. Die Wasserverdunstung aus Pflanzen nennt man auch Transpiration. Der Wasserdampf steigt in die Atmosphäre auf.

Das Wasser tritt wieder aus

Wenn der Grundwasserspiegel bis zur Oberfläche reicht, tritt das Wasser aus. Es bilden sich Quellen, die Bäche speisen. Die Wasseroberfläche eines Sees oder Flusses ist so hoch wie der Grundwasserspiegel.

Umweltverschmutzung

Schädlingsbekämpfungsmittel, Dünger und Chemikalien aus im Boden vergrabenen Abfällen gelangen oft ins Grundwasser und verschmutzen es. Das schadet Menschen und Tieren, die das Wasser trinken.

Dolinen Grundwasser löst manche Gesteine wie z. B. Kalkstein auf, sodass unterirdische Hohlräume entstehen. Wenn die Decke einstürzt, bildet sich eine Doline (auch Sinkloch genannt). Liegt sie unter einer Straße oder einem Gebäude, ist das gefährlich.

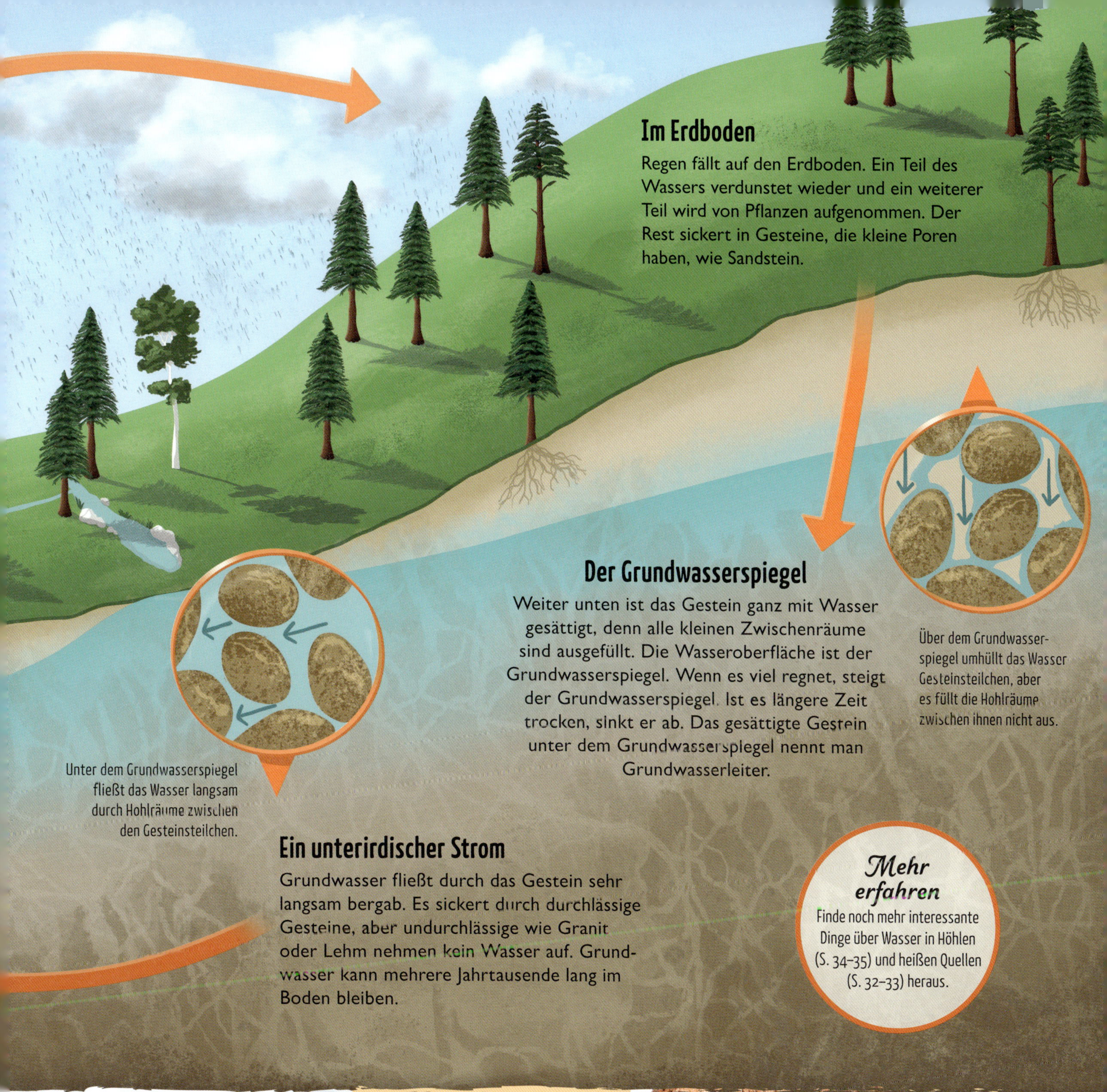

Im Erdboden

Regen fällt auf den Erdboden. Ein Teil des Wassers verdunstet wieder und ein weiterer Teil wird von Pflanzen aufgenommen. Der Rest sickert in Gesteine, die kleine Poren haben, wie Sandstein.

Der Grundwasserspiegel

Weiter unten ist das Gestein ganz mit Wasser gesättigt, denn alle kleinen Zwischenräume sind ausgefüllt. Die Wasseroberfläche ist der Grundwasserspiegel. Wenn es viel regnet, steigt der Grundwasserspiegel. Ist es längere Zeit trocken, sinkt er ab. Das gesättigte Gestein unter dem Grundwasserspiegel nennt man Grundwasserleiter.

Über dem Grundwasserspiegel umhüllt das Wasser Gesteinsteilchen, aber es füllt die Hohlräume zwischen ihnen nicht aus.

Unter dem Grundwasserspiegel fließt das Wasser langsam durch Hohlräume zwischen den Gesteinsteilchen.

Ein unterirdischer Strom

Grundwasser fließt durch das Gestein sehr langsam bergab. Es sickert durch durchlässige Gesteine, aber undurchlässige wie Granit oder Lehm nehmen kein Wasser auf. Grundwasser kann mehrere Jahrtausende lang im Boden bleiben.

Mehr erfahren

Finde noch mehr interessante Dinge über Wasser in Höhlen (S. 34–35) und heißen Quellen (S. 32–33) heraus.

Oasen Eine Oase ist ein Ort in der Wüste, an dem Grundwasser zur Oberfläche gelangt, meistens durch Spalten im Gestein. Das Wasser bildet einen See. Pflanzen wachsen an den Ufern und Tiere kommen herbei, um das Wasser zu trinken.

Heiße Quellen

Heißes Wasser tritt dort aus, wo tief in der Erdkruste geschmolzenes Gestein (Magma) das Wasser so stark erhitzt, dass es zur Oberfläche aufsteigt. An einigen heißen Quellen strömt das Wasser nicht ständig aus. Der hohe Druck sorgt dafür, dass immer wieder Wasserfontänen und Dampf ausgestoßen werden. Diese Erscheinung nennt man Geysir.

Fumarole

Das aufsteigende heiße Wasser verwandelt sich in Dampf, bevor es an die Oberfläche gelangt. Der Dampf und vulkanische Gase aus dem Magma bilden zusammen eine Fumarole.

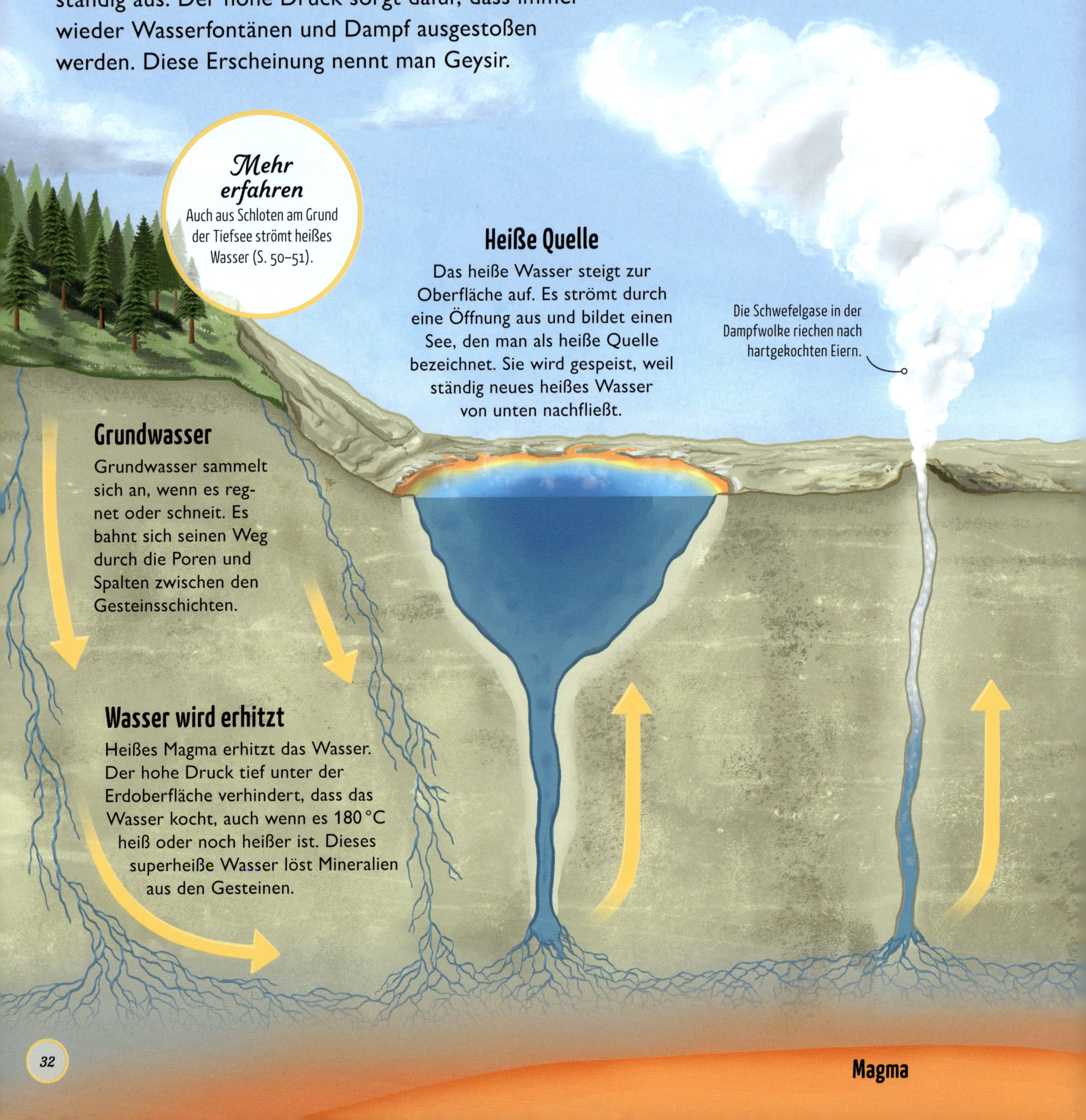

Mehr erfahren

Auch aus Schloten am Grund der Tiefsee strömt heißes Wasser (S. 50–51).

Heiße Quelle

Das heiße Wasser steigt zur Oberfläche auf. Es strömt durch eine Öffnung aus und bildet einen See, den man als heiße Quelle bezeichnet. Sie wird gespeist, weil ständig neues heißes Wasser von unten nachfließt.

Grundwasser

Grundwasser sammelt sich an, wenn es regnet oder schneit. Es bahnt sich seinen Weg durch die Poren und Spalten zwischen den Gesteinsschichten.

Wasser wird erhitzt

Heißes Magma erhitzt das Wasser. Der hohe Druck tief unter der Erdoberfläche verhindert, dass das Wasser kocht, auch wenn es 180 °C heiß oder noch heißer ist. Dieses superheiße Wasser löst Mineralien aus den Gesteinen.

Geysir

Manchmal sammeln sich das heiße Wasser und der Dampf in einer unterirdischen Höhle. Druck baut sich auf, bis das Wasser und der Dampf plötzlich entweichen.

Auf der ganzen Erde gibt es nur etwa 1000 Geysire.

Schlammtopf

Während das Wasser aufsteigt, nimmt es vulkanische Gase auf, die es sauer machen. Die Säure im Wasser greift das Gestein an und verwandelt es in Schlamm. Er blubbert manchmal, wenn Gasblasen entweichen.

Einige Geysire brechen regelmäßig alle paar Minuten oder Stunden aus. Bei anderen dauert es Jahre, bis die Fontäne aufsteigt.

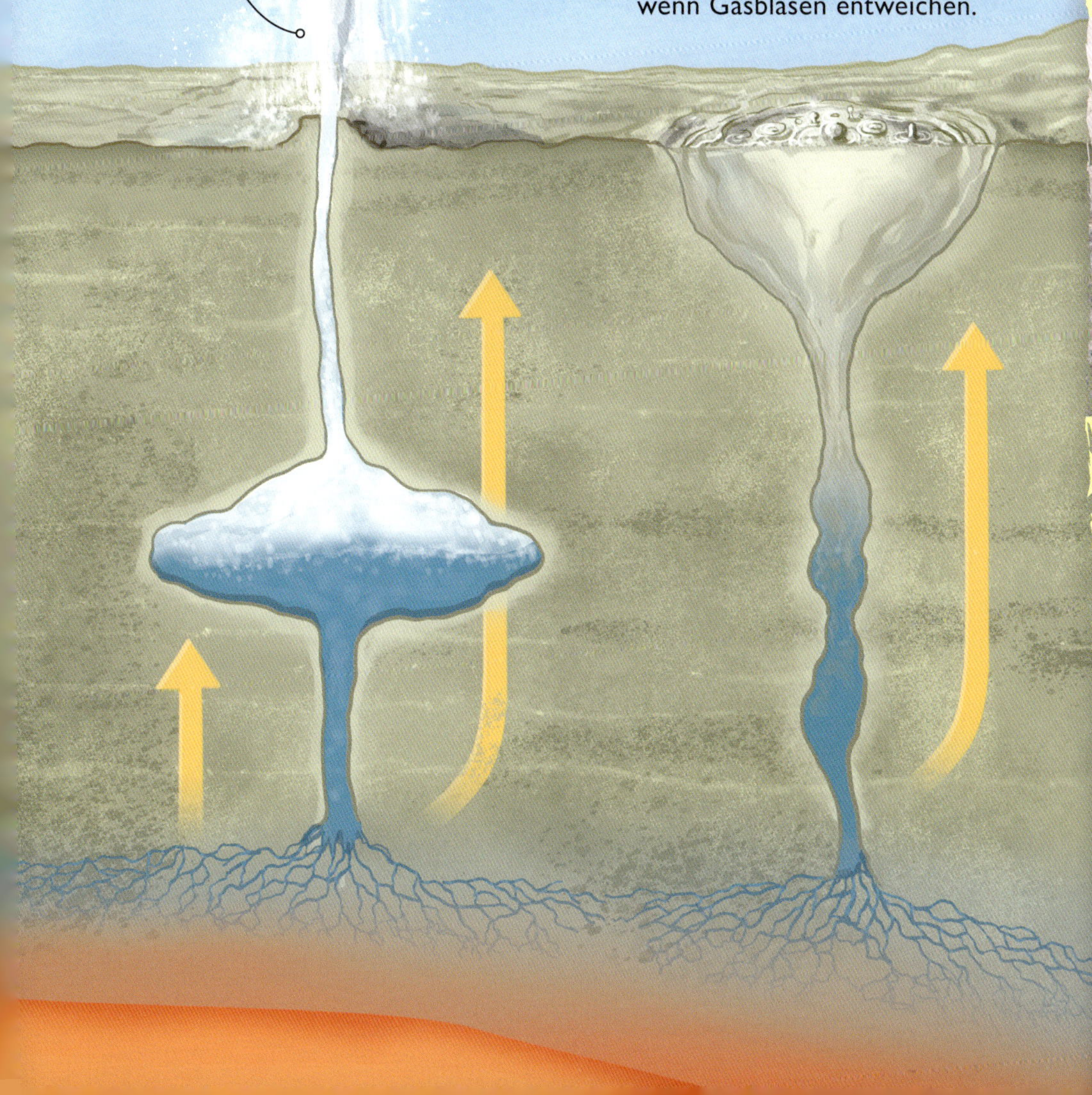

Regenbogenfarben Die „Grand Prismatic Spring“ ist die größte heiße Quelle der USA. Milliarden farbige Mikroben lassen das Ufer um das tiefblaue Wasser in allen Farben des Regenbogens leuchten.

Terrassenbildung Mineralien, die im heißen Wasser der Quelle gelöst sind, verfestigen sich, wenn das Wasser abkühlt. Im Lauf von Jahrtausenden haben sich deshalb bei Pamukkale in der Türkei spektakuläre Terrassen und Becken gebildet.

Badewanne Japanmakaken in einem Gebirgstal in Japan haben gelernt, dass sie im Winter in den heißen Quellen ein angenehmes Bad nehmen können.

Höhlen

Wasser schafft spektakuläre Höhlen und seltsame unterirdische Felsformationen. Regenwasser nimmt Kohlendioxid aus der Luft oder dem Boden auf, in dem es versickert. Das Kohlendioxid verwandelt das Wasser in eine sehr schwache Säure, die im Lauf der Zeit Kalkstein und andere Gesteine auflösen kann.

Wasser versickert

Regen- und Bachwasser bahnen sich einen Weg durch die Spalten im Kalkstein. Das Wasser löst das Gestein allmählich auf und nimmt dabei Mineralien aus ihm auf.

Hohlräume bilden sich

Wenn das Wasser das Gestein abträgt, werden die Spalten langsam immer breiter. Schließlich bilden sich unterirdische Schächte und Höhlen.

Die Mammoth Cave in den USA ist das längste Höhlensystem der Erde, mit einer Länge von mindestens 640 Kilometern.

Wasser tritt aus

Wenn das Wasser nicht tiefer in den Untergrund eindringen kann, trägt es das Gestein ab, bis es irgendwo austritt. Dann erscheint es als Quelle oder Bach an der Oberfläche.

Das Höhlensystem wächst

Im Lauf vieler Jahrtausende oder Jahrmillionen wird das Höhlensystem immer größer und es entstehen Verbindungen zwischen einzelnen Hohlräumen.

Mehr erfahren

Finde heraus, wie ein Fluss entsteht (S. 26–27) und woher das Grundwasser kommt (S. 30–31).

Die Höhle leert sich

Wenn das Wasser einen Ausweg findet, leeren sich die Hohlräume. Es bilden sich Höhlen. Der ganze Bach kann nun unterirdisch fließen.

Steinskulpturen

Mineralhaltiges Wasser tropft von der Höhlendecke und verdunstet. Zurück bleiben feste Kristalle aus Mineralien. Im Lauf der Zeit bilden sich Stalaktiten, die wie Eiszapfen von der Decke hängen, und Stalagmiten, die vom Boden nach oben wachsen.

Blaue Löcher Hier bildeten sich vor langer Zeit, als das Kalkgestein noch über der Wasseroberfläche lag, große Höhlen. Dann stieg der Meeresspiegel. Die blauen Sinklöcher führen nun zu Meereshöhlen.

Höhlen an der Küste Höhlen an der Basis von Küstenkliffen entstehen, wenn die Wellen das Meerwasser in Gesteinsspalten drücken. Das Gestein zersetzt sich allmählich. Die Höhlen bieten vielen Tieren Schutz.

Eishöhlen In Gletschern hinterlässt das Schmelzwasser manchmal Höhlen und Gänge. Das Sonnenlicht wird gefiltert, wenn es durch das Eis fällt, sodass die Höhlenwände blau erscheinen.

Vulkaninsel

Wenn ein Vulkan am Meeresgrund ausbricht und der Kegel schließlich über der Meeresoberfläche aufragt, wird eine Vulkaninsel geboren. Im Lauf der Zeit siedeln sich Pflanzen und Tiere an und ein Korallenriff wächst um die Insel. Schließlich stürzt der Kegel ein und die Insel verschwindet wieder im Meer.

Eine Insel erscheint

Wenn weiterhin Magma austritt, wird der Vulkan schließlich so hoch, dass er die Wasseroberfläche durchbricht. Eine Vulkaninsel ist entstanden. In tropischen Meeren bilden Korallen allmählich ein ringförmiges Riff um die Insel und Pflanzen und Tiere besiedeln das Land.

Vulkanausbruch unter Wasser

Ein Vulkan bricht am Meeresgrund aus. Heiße Gesteinsschmelze, das Magma, tritt durch eine Schwachstelle in der Erdkruste aus. Wenn Magma an die Oberfläche gelangt, bezeichnet man es als Lava. Im Lauf der Zeit entsteht ein kegelförmiger Berg unter Wasser.

Mehr erfahren

Finde noch mehr über vulkanische Aktivität bei hydrothermalen Schloten heraus (S. 50–51).

Hawaii-Inseln Die Hawaii-Inseln bildeten sich über einem Hot Spot unter dem Pazifischen Ozean. Hier brechen immer noch Vulkane aus. Die größten und jüngsten Inseln liegen im Südosten. Alte Inseln entfernen sich im Lauf der Jahrmillionen vom Hot Spot, weil die Erdkruste ständig in Bewegung ist.

Der Vulkankegel verschwindet

Im Lauf der Jahrmillionen bricht der Vulkan irgendwann nicht mehr aus und wird allmählich abgetragen. Das Riff wächst weiter und wird durch eine tiefe Lagune vom Strand abgetrennt. Es bildet nun ein Barriereriff.

Atoll

Schließlich verschwindet die Insel wieder. Zurück bleibt ein Ring aus Korallenriffen um eine Lagune. Das Riff bezeichnet man als Atoll.

Ketten aus Vulkaninseln

In der Erdkruste gibt es Schwachstellen, die man Hot Spots nennt. Hier bilden sich Vulkaninseln. Der Prozess kann sich wiederholen, während die Erdkruste langsam weiterdriftet. Dann entsteht eine Kette von Vulkaninseln.

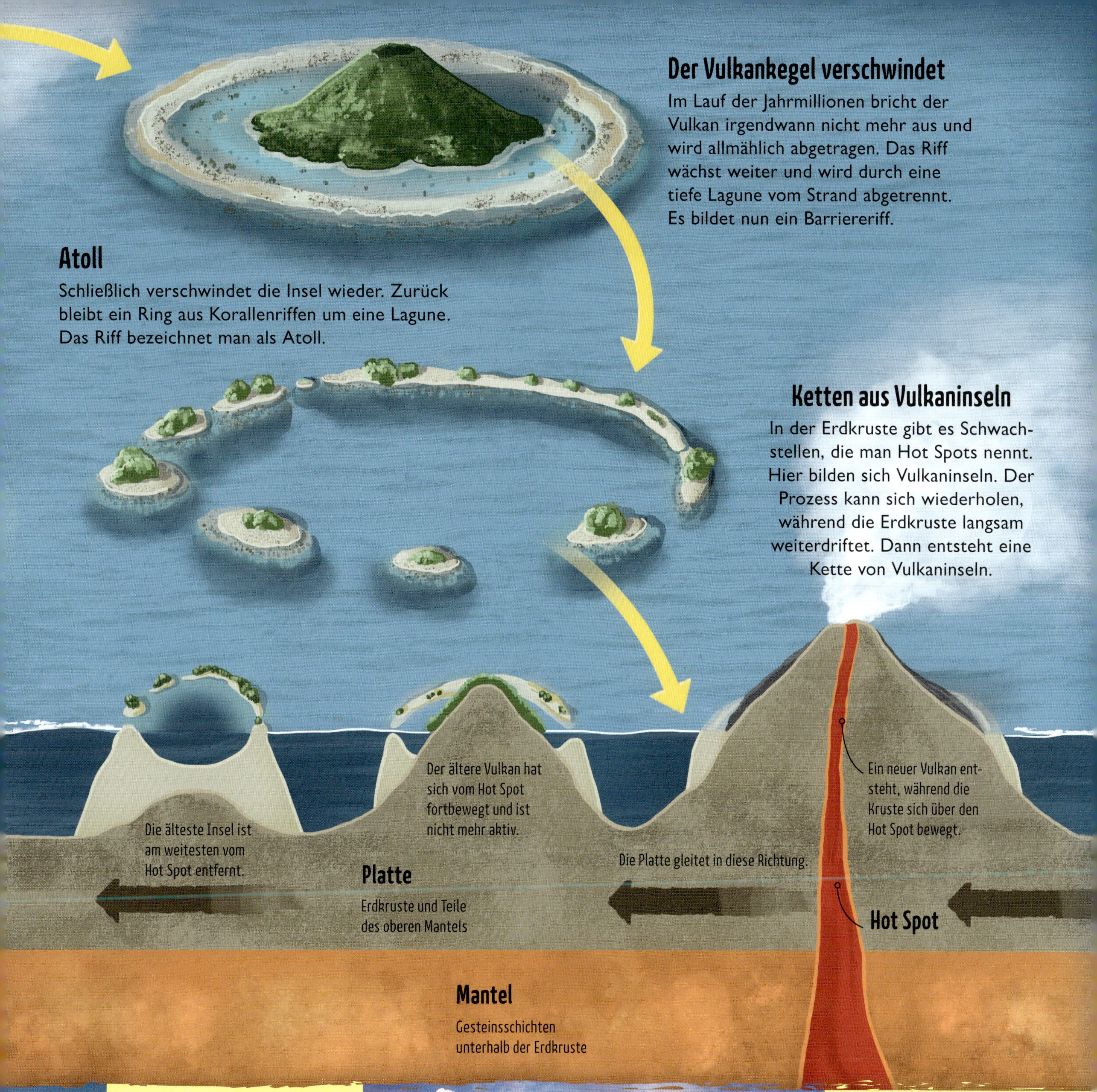

Krakatau 1883 explodierte diese Vulkaninsel bei einem der größten Vulkanausbrüche, die überliefert sind. Eine neue Insel, Anak Krakatau, wächst nun aus dem Krater, der dabei zurückblieb.

Surtsey Nicht alle Vulkaninseln sind von Riffen umgeben. Manchmal wird eine Insel in einer Region geboren, in der es so kalt ist, dass im Meer keine Korallen leben können, wie die Insel Surtsey vor der isländischen Küste. Sie tauchte 1963 aus dem Meer auf.

Es schneit

Gletscher bilden sich im Hochgebirge, wenn im Winter viel Schnee fällt. Allmählich bauen sich dicke Schichten aus Schnee und Eis auf.

Schnee wird zu Eis

Im Lauf der Zeit lagern sich weitere Schneeschichten ab. Allmählich wird alle Luft, die sich zwischen den Schneeflocken befindet, herausgepresst. Den verdichteten Schnee nennt man Firn. Im Lauf vieler Jahre wird der Firn zu Eis.

Mehr erfahren
Entdecke, wie sich eine Schneeflocke bildet (S. 24–25).

Der Gletscher fließt

Die schwere Eismasse fließt sehr langsam bergab. Sie legt jeden Tag etwa 25 cm zurück. Die unterste Eisschicht schmilzt, sodass der Gletscher über Steine und Geröll gleitet. Das Eis schürft das Gestein ab und transportiert kleine Felsbrocken mit sich.

Das Eis schmilzt

Wenn der Gletscher die tiefer gelegenen Berghänge erreicht, beginnt das Eis zu schmelzen. Die Oberfläche sieht oft schmutzig aus, denn Sand und Schotter, die der Gletscher mitgeführt hat, liegen nun wieder frei. Spalten brechen auf, wenn der Gletscher über Gesteinsrücken fließt. Sie können 50 m tief sein.

Gletscher

In den höchsten Gebirgen der Erde und in den Polargebieten gibt es Gletscher. Diese gewaltigen Ströme aus Eis fließen sehr langsam die Hänge hinab und schleifen auf ihrem Weg die Landschaften ab. Ein Gletscher endet entweder im Meer oder er schmilzt an Land, wo das Schmelzwasser Bäche speist.

Das Ende eines Gletschers
Das Gletscherende heißt Gletscherzunge. Wenn ein Gletscher in einem Bach endet, brechen Eisstücke ab, treiben fort und schmelzen schließlich. Fließt der Gletscher ins Meer, brechen gewaltige Eisbrocken ab und werden zu Eisbergen, die im Wasser treiben. Man sagt, dass der Gletscher „kalbt“.

Eisschilde Die Antarktis und Grönland sind mit gewaltigen Eisschilden bedeckt. Das Eis ist hier etwa 2 km dick. Die Eisschilde speisen Gletscher, die zum Meer fließen.

Gletscherlandschaft
Fjorde sind mit Meerwasser gefüllte Täler, die von Gletschern in die Landschaft gesch iffen wurden. In den Eiszeiten waren jeweils große Teile Nordeuropas und Nordamerikas mit Eis bedeckt.

Meeresströmungen

In allen Ozeanen der Erde gibt es Oberflächenströmungen, die man nicht sieht. Einige bewegen sich nur in einem kleinen Gebiet und sind schwach. Andere sind noch sehr viel gewaltiger als der Amazonas und bewegen sich viele tausend Kilometer weit. Sie werden vor allem vom Wind angetrieben.

Der Kalifornienstrom Diese kalte Strömung ist Teil des Nordpazifikwirbels und fließt in den Süden. Sie sorgt an der nordamerikanischen Westküste für kühleres Klima.

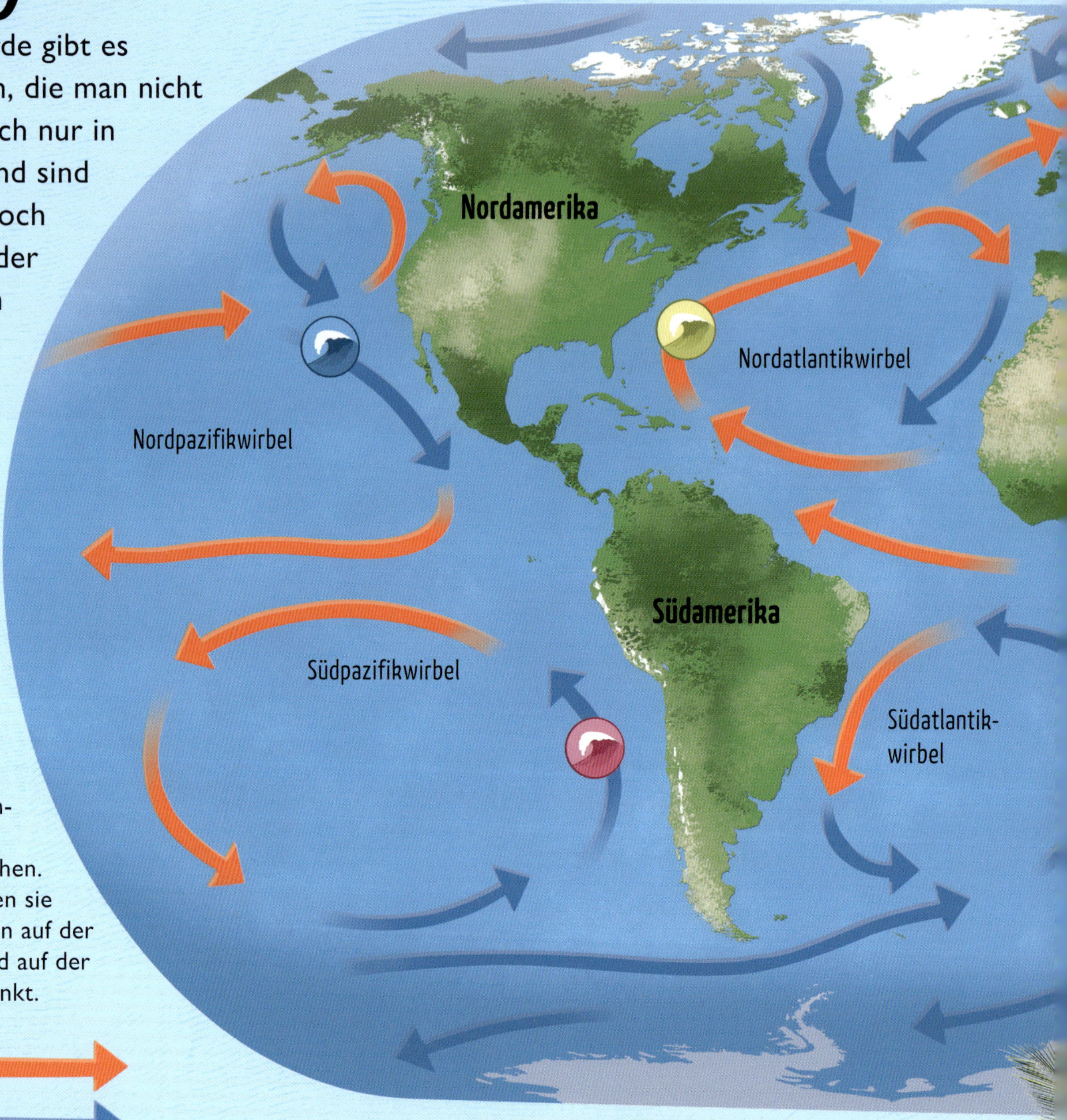

Eine Strömung beginnt

Oberflächenströmungen werden vom Wind angetrieben, der über die Wasseroberfläche weht. Sie bewegen sich in den großen Ozeanen in riesigen Wirbeln. Die Strömungen fließen nicht in die gleiche Richtung, in die die Winde wehen. Weil sich die Erde dreht, biegen sie in einem Winkel ab. Sie werden auf der Nordhalbkugel nach rechts und auf der Südhalbkugel nach links abgelenkt.

Warme Strömung

Kalte Strömung

Atacama-Wüste Kalte Strömungen haben großen Einfluss auf das Wetter auf dem Festland. Das kalte Wasser kühlt die Luft, die darüber hinwegströmt, und macht sie sehr trocken. Der kalte Humboldtstrom vor der Küste Südamerikas verwandelt einige Regionen in extrem trockene Wüsten.

Der Golfstrom Diese kräftige, warme Meeresströmung im westlichen Nordatlantik ist für uns sehr wichtig, denn sie trägt dazu bei, dass das Klima im nordwestlichen Europa viel wärmer ist. Deshalb wachsen Palmen auf den englischen Scilly-Inseln.

Der Golfstrom Die Strömung verläuft nordostwärts und ist Teil des Nordatlantikwirbels. Der starke, warme Meeresstrom befördert etwa 113 Mio. Kubikmeter Wasser pro Sekunde.

Der Kuroshio Dieser Teil des Nordpazifikwirbels sorgt im Süden Japans für wärmeres Klima.

Mehr erfahren

Informiere dich über Tiefenströmungen (S. 42–43) und Wellen (S. 44–45).

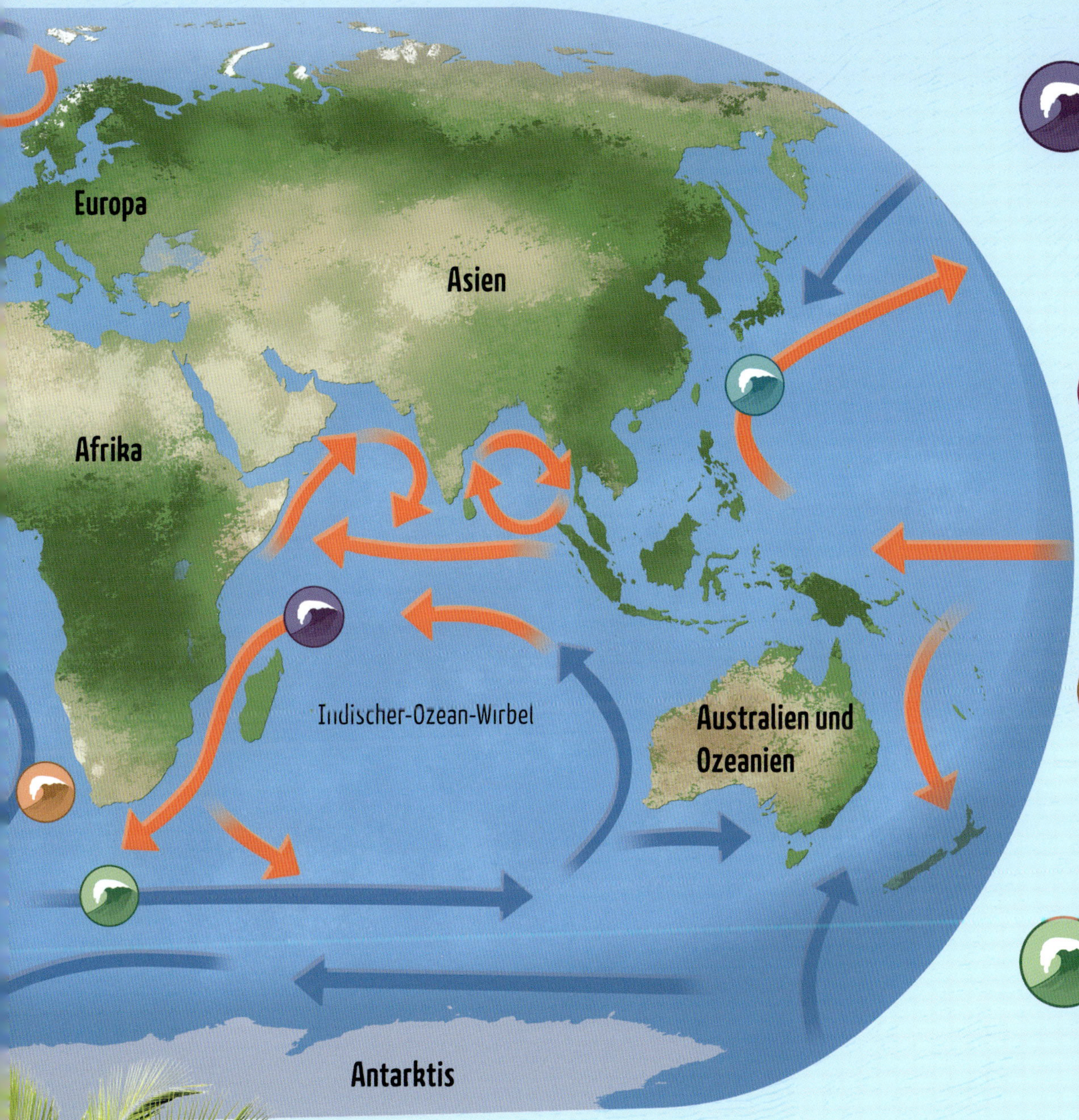

Der Agulhastrom verläuft an der Ostküste Afrikas in südwestliche Richtung. Dies ist eine der größten Meeresströmungen. Das Wasser fließt schnell und ist warm.

Der Humboldtstrom fließt entlang der Westküste Südamerikas nach Norden und führt kaltes Wasser aus der Antarktis mit sich.

Der Benguelastrom ist eine breite, kühle Strömung, die entlang der Westküste des südlichen Afrikas nach Norden fließt.

Der Antarktische Zirkumpolarstrom umrundet die Antarktis. Er hält warmes Wasser fern, sodass die Eisschilde nicht abschmelzen.

Der Kuroshio Diese Strömung vor der Ostküste Japans legt am Tag 40 bis 120 km zurück. Sie transportiert so viel Wasser wie 6000 große Flüsse. Das warme Wasser bringt Nährstoffe in die Meere vor Japan, die als Nahrungsgrundlage für unzählige Fische dienen.

Eiskalter Anfang

In den eisigen Meeren des Nordatlantiks wird ein Teil des Wassers so kalt, dass es gefriert. Das Wasser, das nicht gefriert, wird sehr salzhaltig und schwer, sodass es auf den Meeresgrund sinkt.

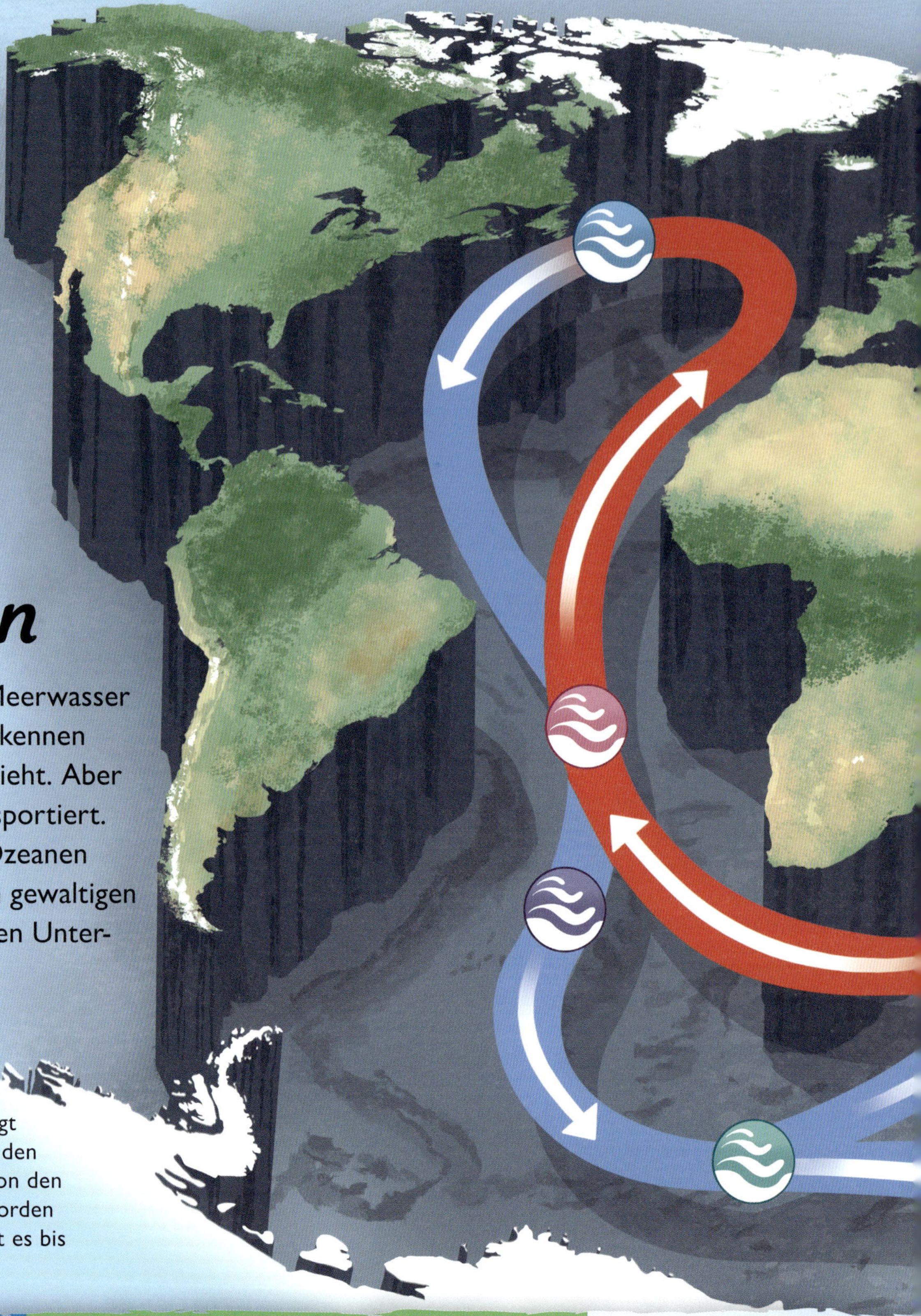

Tiefen-strömungen

In der Tiefe bewegt sich das Meerwasser so langsam, dass man kaum erkennen kann, dass es überhaupt geschieht. Aber es wird sehr viel Wasser transportiert. Das gesamte Wasser in den Ozeanen wird umgewälzt wie auf einem gewaltigen Förderband. Den Antrieb bilden Unterschiede in der Wasserdichte.

In Richtung Süden

Auf dem Meeresgrund bewegt sich das kalte Wasser durch den Atlantik in Richtung Süden. Es wird von den Wassermassen angetrieben, die im Norden weiterhin absinken. Schließlich gelangt es bis in die Antarktis.

Das globale Förderband Wissenschaftler beobachten, dass die Tiefenströmung südlich von Grönland langsamer wird. Weil es auf der Erde wärmer wird, erwärmt sich auch das Wasser. Außerdem schmelzen die Eisschilde ab, sodass Unmengen Süßwasser ins Meer gelangen. Das Meerwasser wird deshalb weniger salzhaltig und leichter. Wenn kein schweres Wasser die Strömung antreibt, könnte sie völlig zum Erliegen kommen. Dann würde das Klima auf der ganzen Erde extremer werden.

Es dauert sechs Jahrhunderte, bis das globale Förderband seine Weltreise abgeschlossen hat.

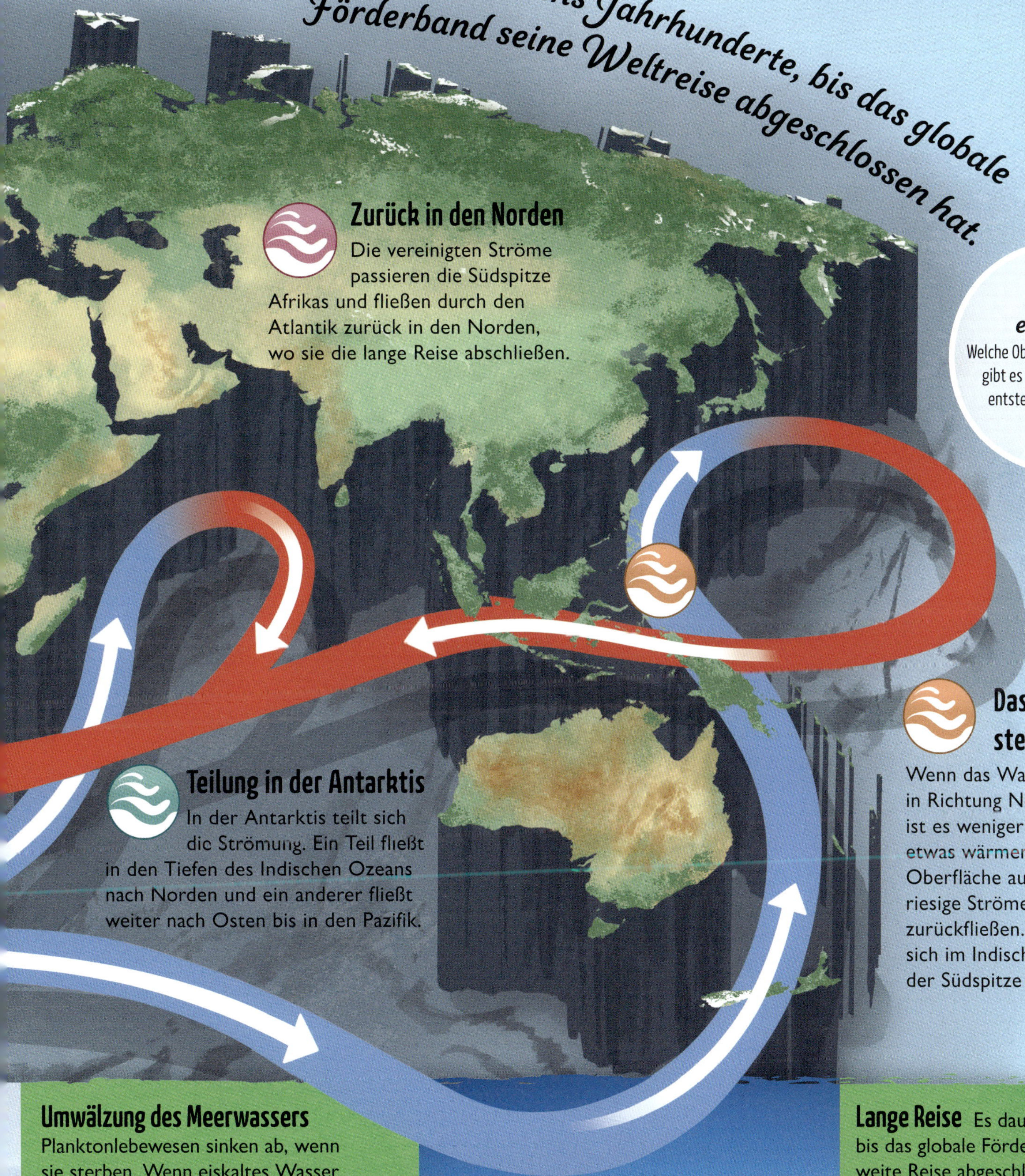

Zurück in den Norden

Die vereinigten Ströme passieren die Südspitze Afrikas und fließen durch den Atlantik zurück in den Norden, wo sie die lange Reise abschließen.

Teilung in der Antarktis

In der Antarktis teilt sich die Strömung. Ein Teil fließt in den Tiefen des Indischen Ozeans nach Norden und ein anderer fließt weiter nach Osten bis in den Pazifik.

Das Wasser steigt auf

Wenn das Wasser wieder in Richtung Norden strömt, ist es weniger salzhaltig und etwas wärmer. Es steigt zur Oberfläche auf und bildet zwei riesige Ströme, die westwärts zurückfließen. Sie vereinigen sich im Indischen Ozean vor der Südspitze Indiens.

Mehr erfahren

Welche Oberflächenströmungen gibt es (S. 40–41) und wie entstehen Meereswellen (S. 44–45)?

Umwälzung des Meerwassers

Planktonlebewesen sinken ab, wenn sie sterben. Wenn eiskaltes Wasser absinkt, drückt es das Wasser und die Nährstoffe, die im Plankton enthalten waren, wieder zur Oberfläche. Viele Wale ziehen jedes Jahr in die Antarktis, um diese Nahrungsquelle zu nutzen.

Lange Reise Es dauert sehr lang, bis das globale Förderband seine weite Reise abgeschlossen hat. Das Wasser, das heute wieder vor Grönland ankommt, sank ungefähr zur Zeit der Wikinger ab, die im 10. Jahrhundert die große Insel besiedelten.

Meereswellen

Meerwasser ist ständig in Bewegung. Sanfte Wellen kräuseln nur die Oberfläche, aber manche Wellen sind hoch wie Berge und können große Schiffe zum Kentern bringen. Alle Wellen beginnen damit, dass Wind das Wasser an der Meeresoberfläche bewegt.

Wellen bilden sich

Weit draußen auf dem Ozean streicht ein kräftiger Wind über die Wasseroberfläche. Dabei erzeugt er kleine Rippeln. Weht der Wind weiter, werden sie zu hohen Wellen.

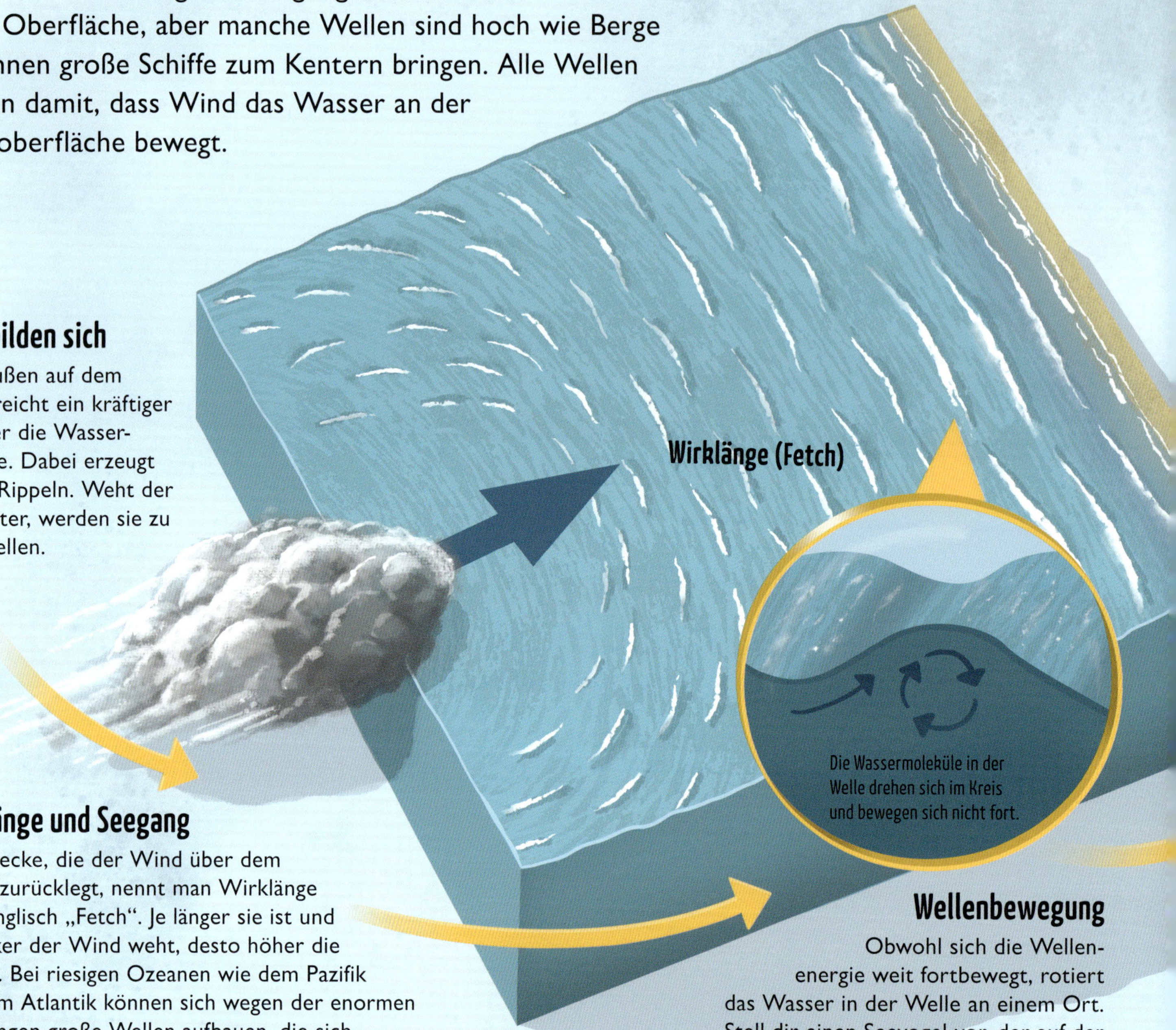

Wirklänge und Seegang

Die Strecke, die der Wind über dem Ozean zurücklegt, nennt man Wirklänge oder englisch „Fetch“. Je länger sie ist und je stärker der Wind weht, desto höher die Wellen. Bei riesigen Ozeanen wie dem Pazifik und dem Atlantik können sich wegen der enormen Wirklängen große Wellen aufbauen, die sich weit über das Meer fortbewegen.

Wellenbewegung

Obwohl sich die Wellenenergie weit fortbewegt, rotiert das Wasser in der Welle an einem Ort. Stell dir einen Seevogel vor, der auf der Oberfläche schwimmt. Er wird auf und ab bewegt, ohne vorwärts zu kommen.

Monsterwellen Bei Stürmen kann es riesige Wellen geben, aber ihre Höhe lässt sich nur schwer messen. Die größte offiziell bestätigte Welle war 34 m hoch. Sie wurde im Jahr 1933 von der Besatzung des Öltankers USS *Ramapo* bei einem Hurrikan im Pazifik gemessen.

In Teahupoo vor der Küste von Tahiti gibt es die größten und gefährlichsten Brecher.

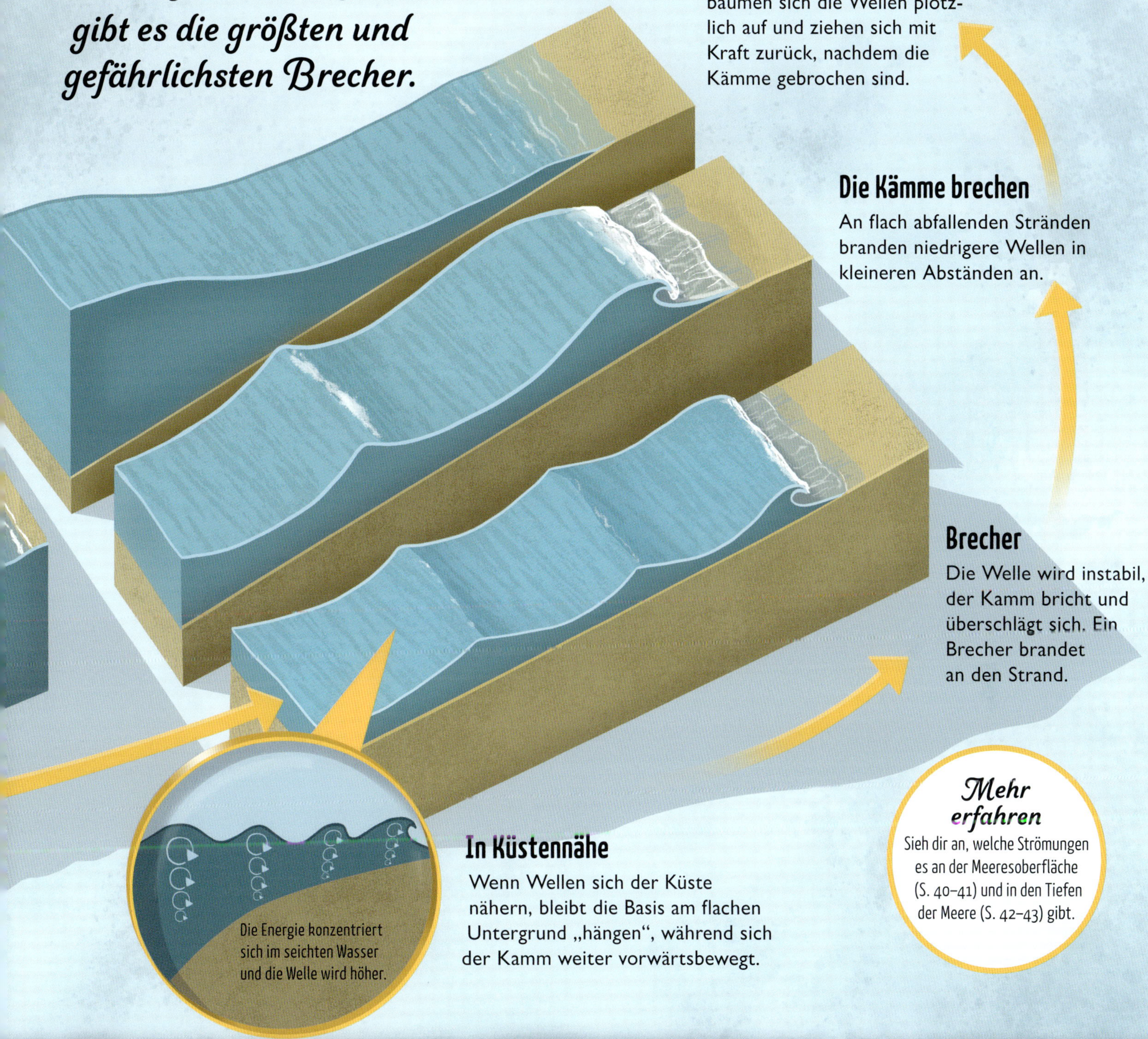

Hohe Brecher
An steil abfallenden Küsten bäumen sich die Wellen plötzlich auf und ziehen sich mit Kraft zurück, nachdem die Kämme gebrochen sind.

Die Kämme brechen
An flach abfallenden Stränden branden niedrigere Wellen in kleineren Abständen an.

Brecher
Die Welle wird instabil, der Kamm bricht und überschlägt sich. Ein Brecher brandet an den Strand.

In Küstennähe
Wenn Wellen sich der Küste nähern, bleibt die Basis am flachen Untergrund „hängen“, während sich der Kamm weiter vorwärtsbewegt.

Mehr erfahren
Sieh dir an, welche Strömungen es an der Meeresoberfläche (S. 40–41) und in den Tiefen der Meere (S. 42–43) gibt.

Tsunami Ein Erdbeben oder Landrutsch kann Tsunamiwellen auslösen. Die meisten breiten sich mit hoher Geschwindigkeit am Meeresgrund aus. In Strandnähe bilden sich plötzlich gewaltige Wellen und es kommt zu verheerenden Überschwemmungen.

Wellenreiten Die Menschen in Peru und Polynesien reiten seit Jahrtausenden auf Meereswellen. Heute sind ungefähr 25 Millionen Menschen begeisterte Surfer.

Veränderliche Küstenlinie

An der Küste trifft das Meer auf das Land. Die Küstenlinie verändert sich ständig. Im Abstand von Sekunden branden die Wellen an den Strand und tragen das Land ab oder formen es um. Weil die Erde wegen den von uns Menschen produzierten Treibhausgasen immer wärmer wird, schmelzen Eisschilde und Gletscher, sodass mehr Wasser in die Meere gelangt. Dadurch steigt der Meeresspiegel an und die Küsten verändern sich noch stärker.

Küsten werden abgetragen

Küstenkliffe wirken sehr stabil, aber manchmal brechen riesige Teile ab und stürzen ins Meer. Regen versickert oben am Kliff, sodass der Boden schwerer wird. Wellen branden unten gegen die Felsen und schwächen sie ebenfalls. Im Lauf der Zeit wird das Kliff brüchig und schließlich stürzt ein Teil ins Meer.

Höhlen, Brandungstore und Pfeiler

Als Landbrücke bezeichnet man ein schmales Stück Land, das ins Meer ragt. Wind und Wasser tragen das Gestein allmählich ab. Höhlen bilden sich, wenn die Wellen im Lauf der Zeit Gesteinsspalten erweitern. Wird die ganze Landbrücke durchbrochen, entsteht ein Brandungstor. Es wird immer größer, bis der obere Teil nicht mehr stabil ist. Dann stürzt er ein und ein Brandungspfeiler bleibt zurück.

Die weißen Kreidefelsen werden allmählich von Wind und Regen abgetragen.

Strandversetzung

Der Wind bewirkt, dass die Wellen in einem bestimmten Winkel am Strand ankommen. Sie transportieren Sand und Kies mit sich. Wenn sie sich zurückziehen, nehmen sie wieder etwas Sand mit. Im Lauf der Zeit wird der Sand am Strand im Zickzack fortbewegt. Dies bezeichnet man als Strandversetzung.

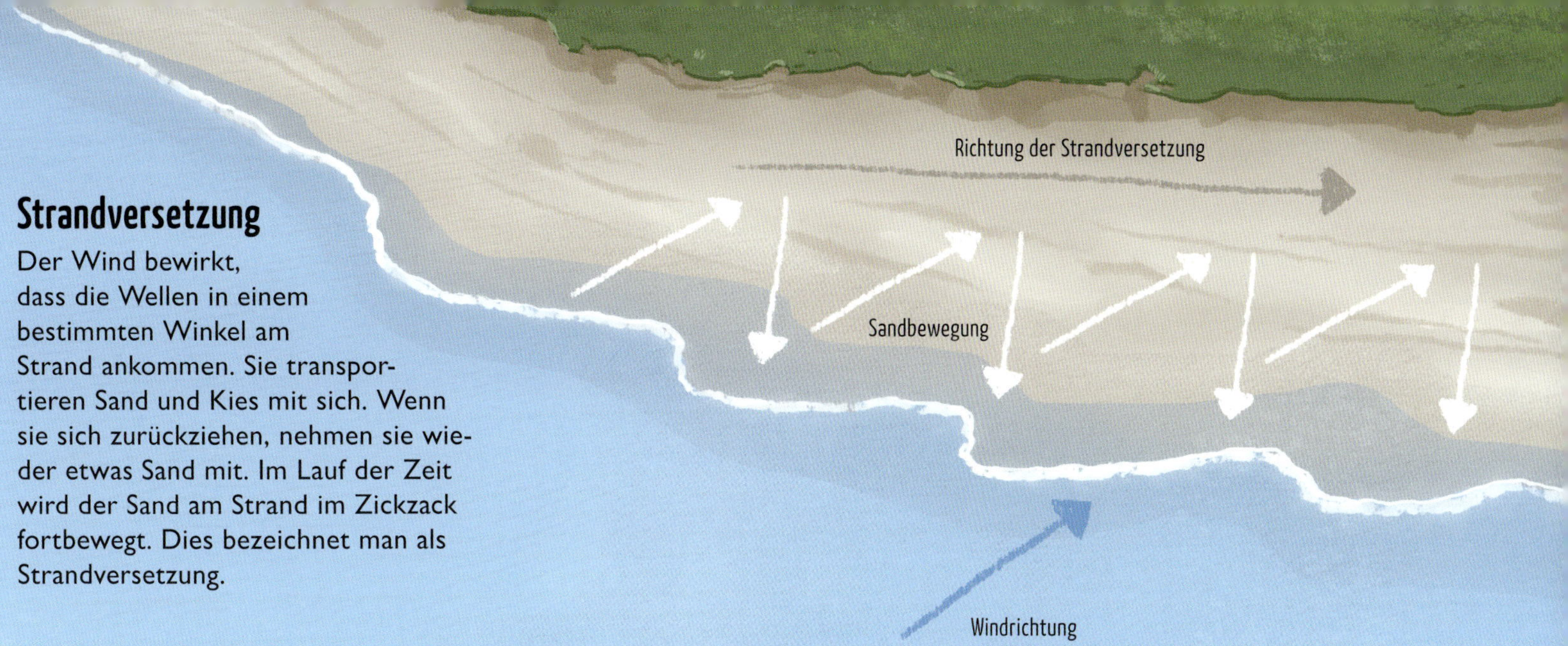

Etwa die Hälfte der Weltbevölkerung lebt nicht weiter als 100 Kilometer von einer Küste entfernt.

Klimakrise – Land unter!

Derzeit steigt der Meeresspiegel jedes Jahr um etwa 3,2 mm. Sogar ein geringer Anstieg kann dazu führen, dass große Landflächen überflutet werden. Im Lauf der Zeit müssen immer mehr Menschen ins Binnenland ziehen, weil ihre Häuser überflutet werden.

Schutz vor dem Meer

Die Menschen errichten Strandmauern, damit die Wellen das Land nicht abtragen. Sie schützen die Straßen und Gebäude vor dem Meer. Der Bau solcher Mauern ist aber teuer und Tiere können nicht mehr frei an der Küste umherziehen.

Erste Flut

Weil sich die Erde dreht, gibt es in diesem Hafen zweimal täglich Ebbe und Flut. Bei Flut ist der Meeresspiegel am höchsten. Die Boote schwimmen und die Tiere können hier unter Wasser nach Nahrung suchen.

Erste Ebbe

Etwa sechs Stunden nach der Flut erreicht der Meeresspiegel einen Tiefstand. Das Boot liegt auf Grund und es gibt viel Sand, mit dem du Burgen bauen kannst. Viele Tiere sind ins tiefere Wasser gezogen oder verbergen sich in Gezeitentümpeln, bis die nächste Flut einsetzt.

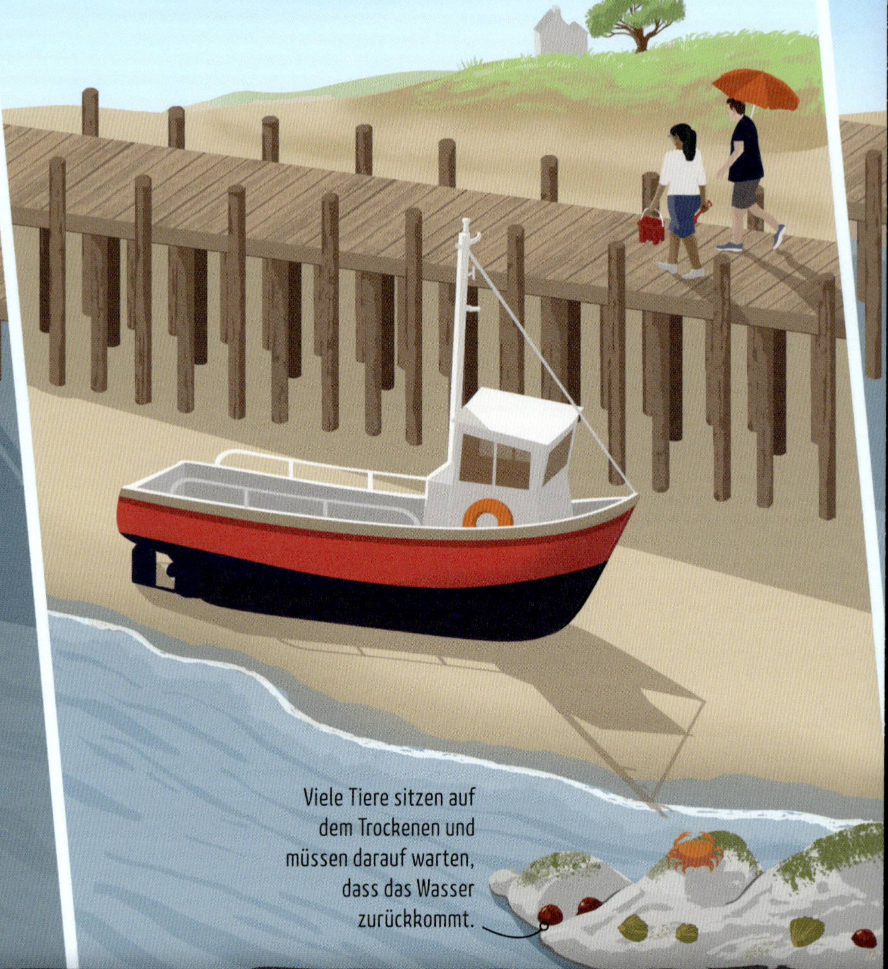

Gezeiten

Wo der Mond der Erde am nächsten ist, zieht seine Schwerkraft das Meerwasser an, sodass ein Flutberg entsteht. Auf der gegenüberliegenden Seite der Erde entsteht ebenfalls ein Flutberg. Dazwischen sinkt der Meeresspiegel, sodass hier Ebbe herrscht.

Erste Flut Unser Hafen liegt in der Region der Erde, die dem Mond am nächsten ist. Seine Schwerkraft erzeugt einen Flutberg.

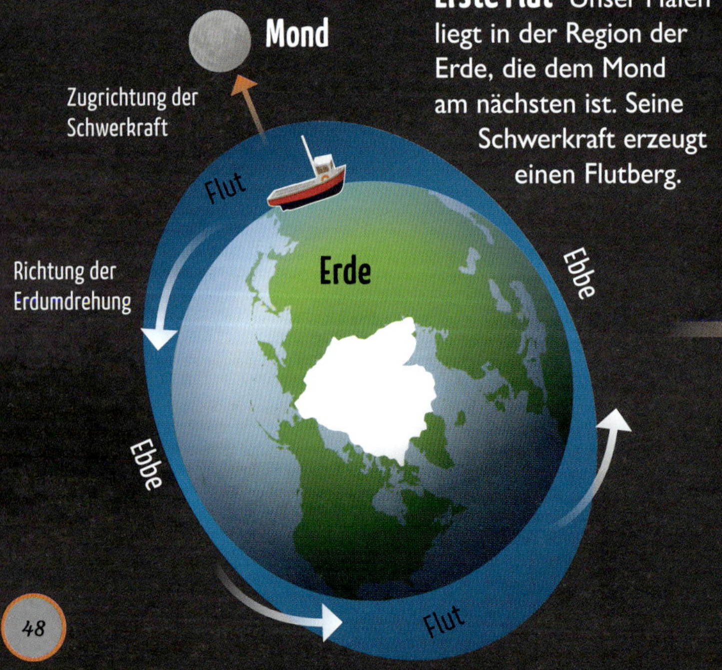

Erste Ebbe Wenn die Erde eine Viertelumdrehung gemacht hat, liegt unser Hafen an einer Küste, an der gerade Ebbe ist.

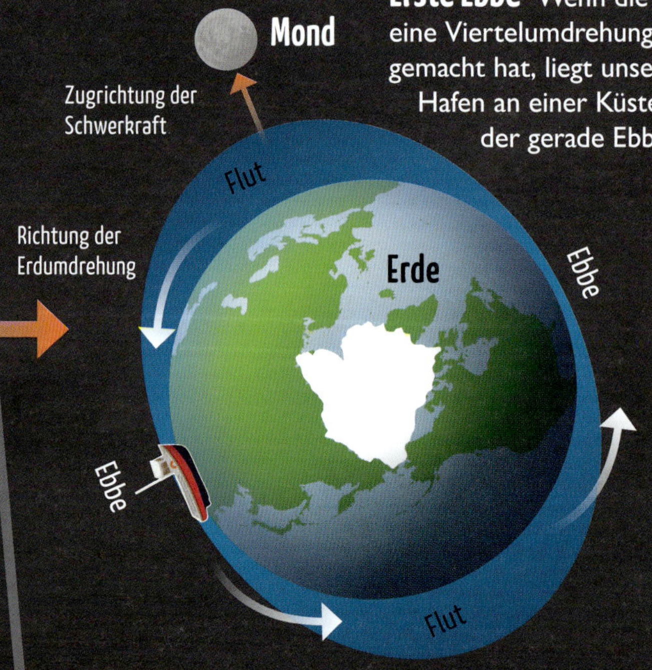

Zweite Flut

Etwa sechs Stunden später ist der Meeresspiegel abermals gestiegen. An einigen Küsten ist der Wasserstand wieder genauso hoch, an anderen etwas höher oder tiefer. Angler fangen Fische, die wieder zur Küste gezogen sind.

Zweite Ebbe

Sechs Stunden später ist wieder Ebbe. Das Boot liegt auf Grund und Vögel suchen am Strand nach Nahrung. Viele Strandvögel fangen die Tiere, die sich bei Ebbe im Sand verbergen.

Mehr erfahren

Informiere dich über die verschiedenen Meereswellen (S. 44–45).

Zweite Flut Die Erde hat jetzt eine halbe Umdrehung hinter sich, sodass der Hafen auf dem Flutberg auf ihrer dem Mond abgewandten Seite ist.

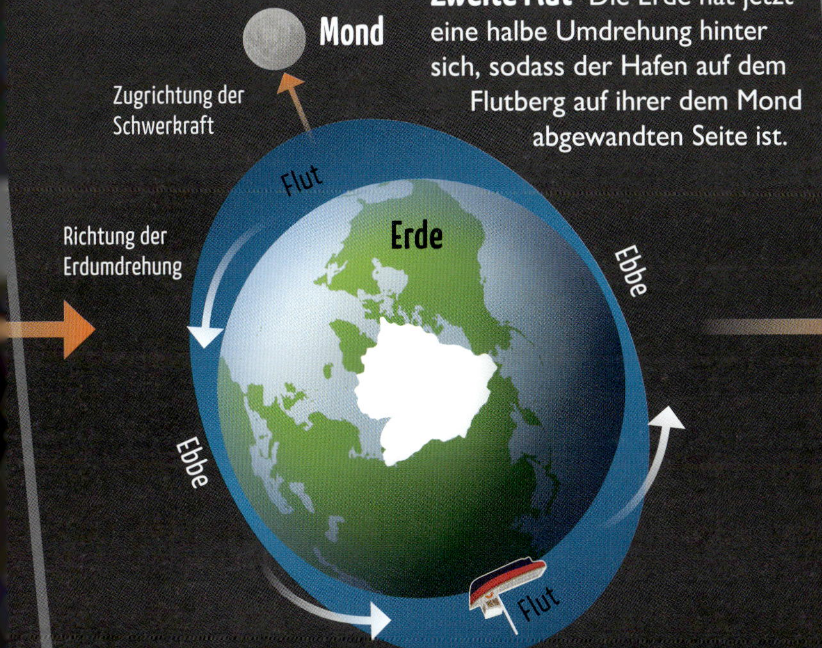

Zweite Ebbe Wenn die Erde eine Dreiviertelumdrehung gemacht hat, befindet sich der Hafen wieder in einer Region, in der Ebbe herrscht.

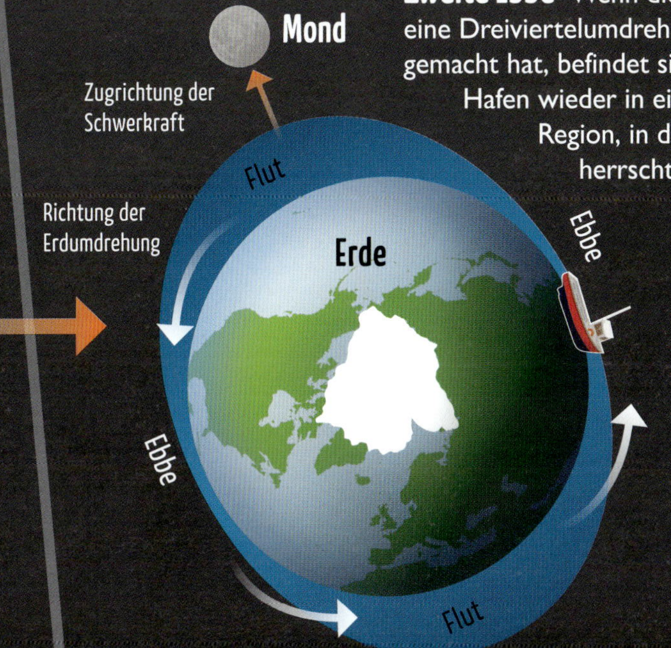

Tiefseeschlote

In der dunklen Tiefsee strömt heißes Wasser aus Spalten im Gestein. Man nennt solche Stellen hydrothermale Schlote oder Weiße und Schwarze Raucher. Das ausströmende Wasser ist unglaublich heiß und enthält gelöste Mineralien. In der Umgebung solcher Schlote siedeln sich viele Lebewesen an, obwohl kein Sonnenlicht in die Tiefe dringt.

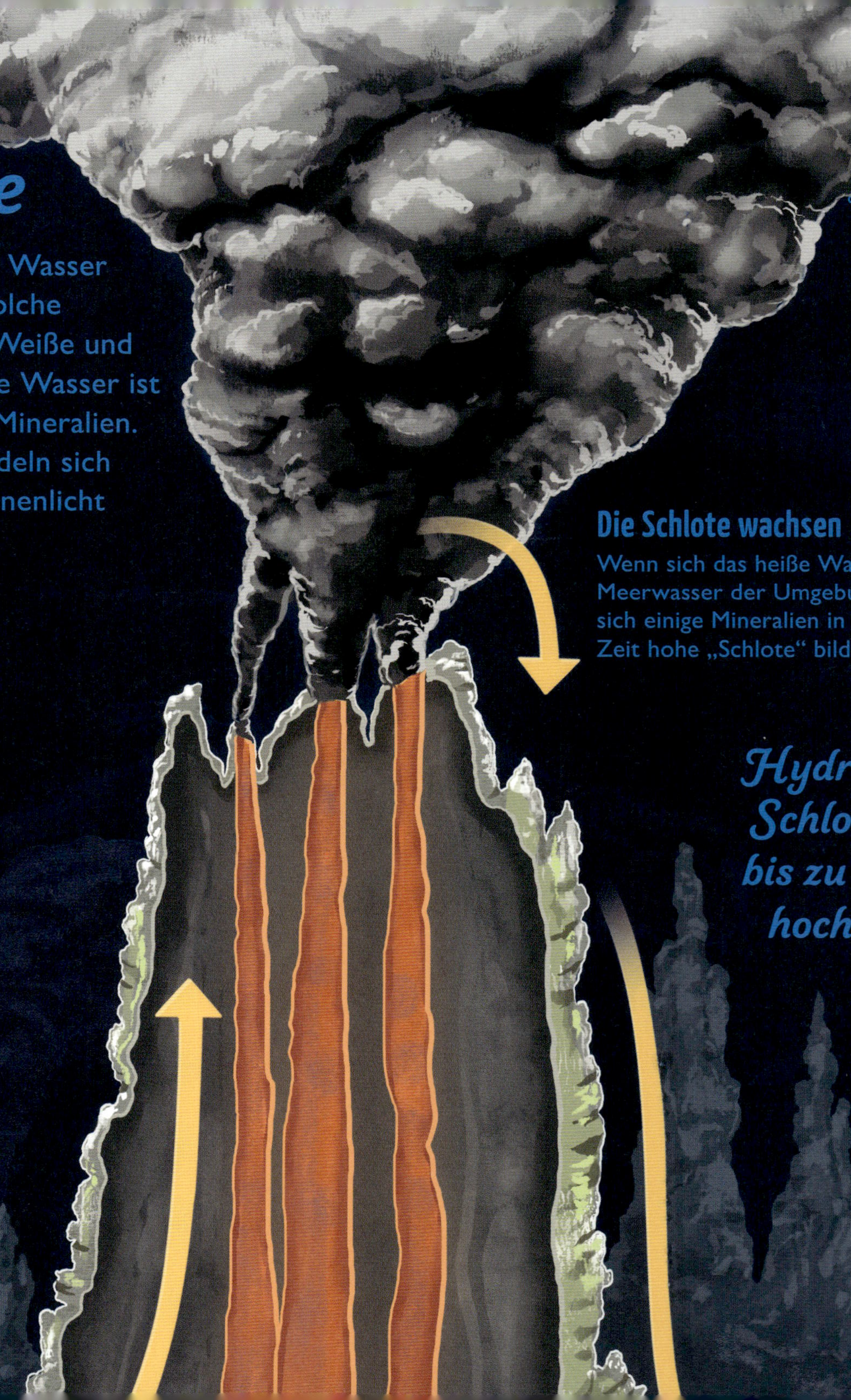

Der Wasserstrom erinnert an eine Rauchwolke. Er kann schwarz oder weiß sein, je nachdem, welche Mineralien im Wasser gelöst sind.

Die Schlote wachsen

Wenn sich das heiße Wasser mit dem kalten Meerwasser der Umgebung vermischt, verwandeln sich einige Mineralien in Feststoffe, die im Lauf der Zeit hohe „Schlote“ bilden.

Hydrothermale Schlote können bis zu 55 Meter hoch werden.

Mehr erfahren

Magma kann auch auf dem Festland Wasser erhitzen, sodass sich heiße Quellen und Geysire bilden (S. 32–33).

Wasser sickert ein

Hydrothermale Schlote bilden sich an Stellen am Meeresgrund, wo kaltes Meerwasser in Spalten in der Erdkruste sickert und von heißem Gestein erhitzt wird.

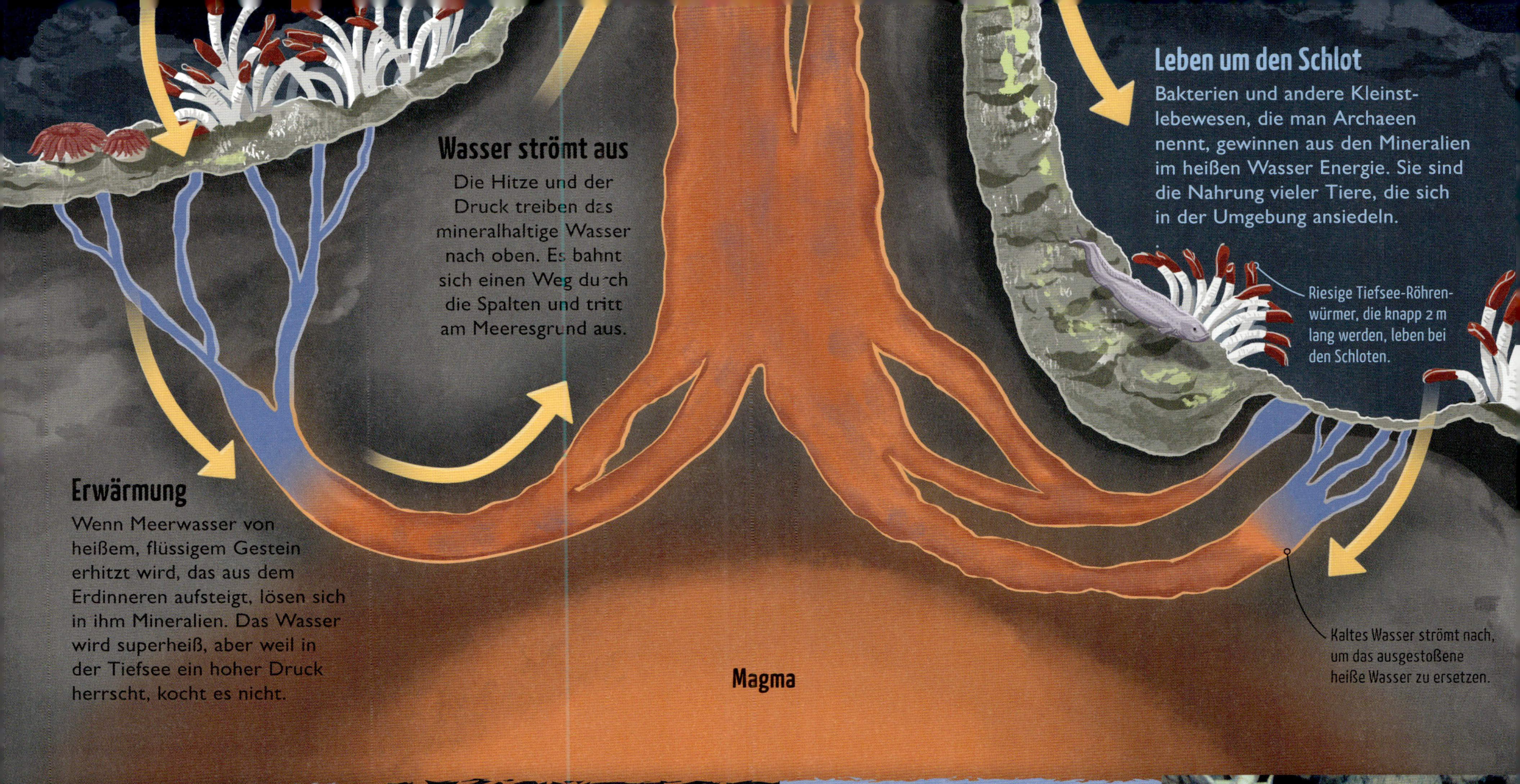

Erwärmung

Wenn Meerwasser von heißem, flüssigem Gestein erhitzt wird, das aus dem Erdinneren aufsteigt, lösen sich in ihm Mineralien. Das Wasser wird superheiß, aber weil in der Tiefsee ein hoher Druck herrscht, kocht es nicht.

Wasser strömt aus

Die Hitze und der Druck treiben dɛs mineralhaltige Wasser nach oben. Es bahnt sich einen Weg du-ch die Spalten und tritt am Meeresgrund aus.

Leben um den Schlot

Bakterien und andere Kleinstlebewesen, die man Archaeen nennt, gewinnen aus den Mineralien im heißen Wasser Energie. Sie sind die Nahrung vieler Tiere, die sich in der Umgebung ansiedeln.

Tauchboote 1977 entdeckten Wissenschaftler, die mit Tauchbooten die Tiefsee erforschten, die hydrothermalen Schlote. Heute wird meistens mit Tauchbooten ohne Besatzung geforscht. Sie werden von Schiffen an der Meeresoberfläche gesteuert.

Lebensgemeinschaften

Außer den Bartwürmern leben Muscheln, Krabben, Garnelen, Seeanemonen und sogar Fische in der Umgebung der Schlote. Jedes Jahr werden neue Arten entdeckt, die an das Leben in diesen extremen Lebensräumen angepasst sind.

Wasser in Lebewesen

Alle Lebewesen sind auf Wasser angewiesen, von Tieren, Pflanzen und Pilzen bis hin zu winzigen Mikroben. Lebewesen bestehen zu etwa 70 Prozent aus Wasser. Fast alle lebenswichtigen Prozesse, wie die Fotosynthese der Pflanzen und die Verdauung der Tiere, können ohne Wasser nicht ablaufen. Wasser bewegt sich auch durch unseren Körper und verlässt ihn schließlich wieder.

Wasser in Zellen

Lebewesen bestehen aus winzigen Zellen. Eine Zelle kann man mit einer Fabrik vergleichen, in der Maschinen unterschiedliche Aufgaben haben. Ständig werden Dinge herbeigeschafft und andere abtransportiert. Alle Prozesse in der Zelle und ihrer Umgebung laufen im Wasser ab, auch die Fotosynthese.

Tiere trinken, damit ihr Körper mit all seinen Zellen wieder mehr Wasser zur Verfügung hat.

Tierzelle

Im Körper herrscht ein Gleichgewicht, das immer aufrechterhalten werden muss. Wenn Zellen zu viel Wasser aufnehmen, schwellen sie an und die zarte Zellmembran kann aufplatzen.

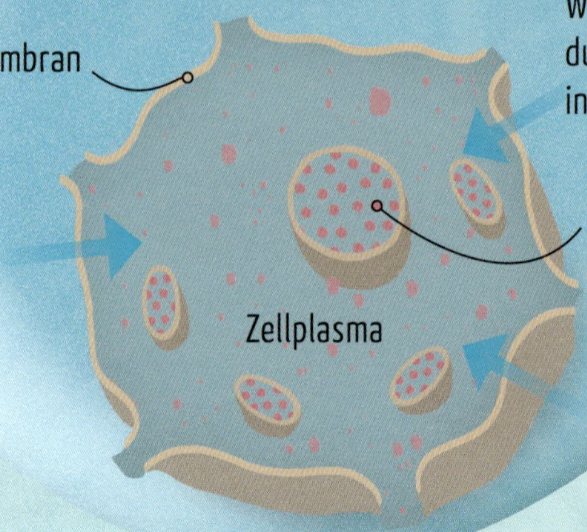

Wasseraufnahme

Wenn Wasser in den Körper von Tieren oder in Pflanzen gelangt, strömt es durch Osmose in die Zellen. Osmose bedeutet, dass das Wasser durch eine Membran (eine dünne Haut) auf die Seite fließt, auf der die Konzentration gelöster Stoffe höher ist. Zellen nehmen durch Osmose Wasser auf, denn sie sind von einer Zellmembran umgeben und enthalten Salze und Zucker in bestimmten Konzentrationen.

Pflanzenzelle

Anders als die Zellen von Tieren, sind Pflanzenzellen zusätzlich von einer robusten Wand außerhalb der Zellmembran umgeben. Die Zelle schwillt an, wenn sie Wasser aufnimmt, und wird fest, ohne zu zerplatzen. So kann die Pflanze aufrecht stehen.

Eine aufrecht wachsende Pflanze besteht aus Zellen, die mit Wasser gefüllt und deshalb fest sind.

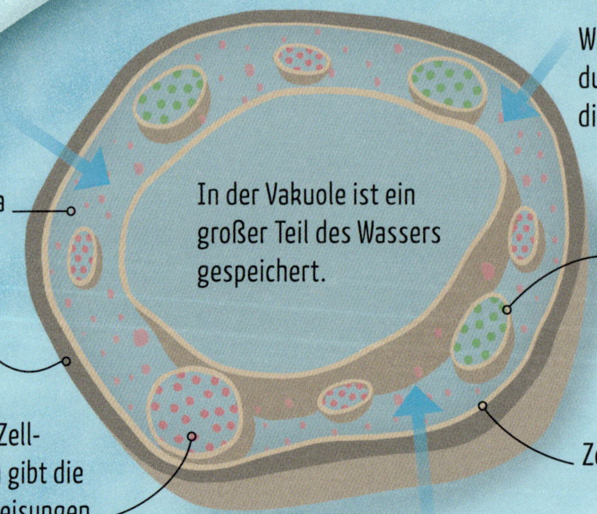

Tierzelle

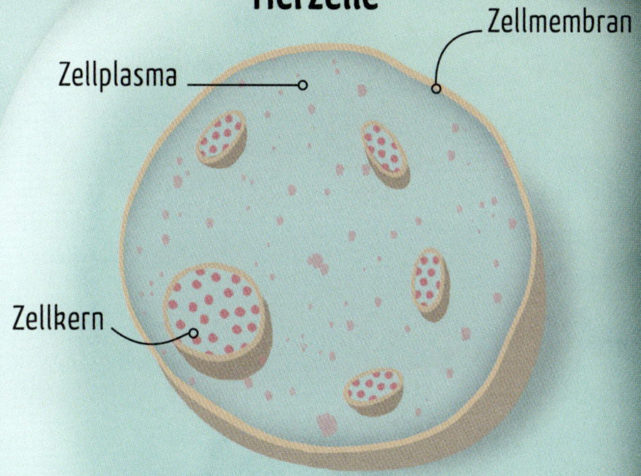

Eine Tierzelle hat einen Zellkern, eine Membran und Zellplasma, aber keine Vakuole, keine Chloroplasten und keine Zellwand.

Zellen im Gleichgewicht

Wenn die Zellen von Tieren oder Pflanzen von Wasser umgeben sind, in dem die gelösten Stoffe dieselbe Konzentration haben wie in der Flüssigkeit im Inneren der Zelle, findet keine Osmose statt. Das bedeutet, dass die Zelle durch die Zellmembran weder Wasser aufnimmt noch abgibt.

Pflanzenzelle

Die Zellmembran liegt an der Zellwand an.

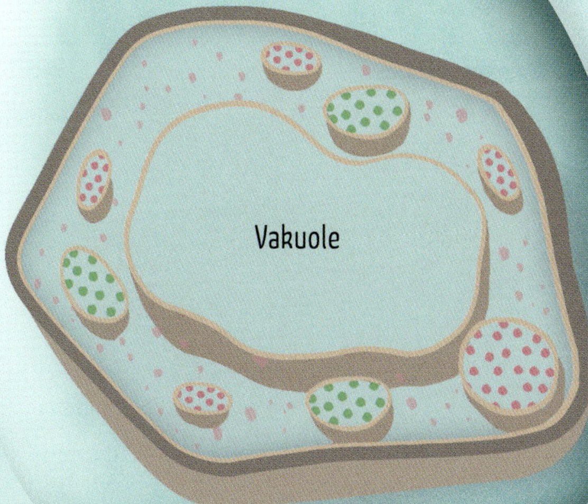

Tierzelle

Wenn eine Tierzelle Wasser verliert, schrumpft sie.

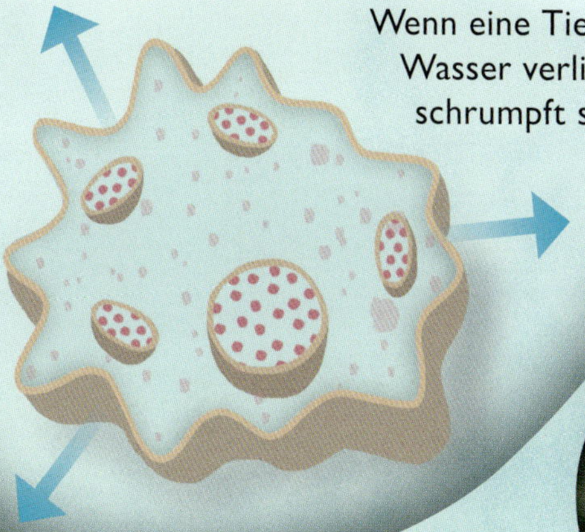

Hunde können nicht schwitzen, um sich abzukühlen. Stattdessen hecheln sie, damit Wasser im Maul verdunstet, sodass der Körper gekühlt wird.

Wasserverlust

Wenn dem Körper von Tieren oder Pflanzen Wasser entzogen wird, fehlt es in der Umgebung der Zellen. Deshalb steigt hier die Konzentration der gelösten Stoffe und ist nun höher als im Inneren der Zellen. Dann strömt Wasser durch die Zellmembran aus den Zellen heraus.

Das Wasser verdunstet durch winzige Poren in der Blattoberfläche. Eine Pflanze welkt, wenn ihre Zellen nicht mehr prall gefüllt sind.

Pflanzenzelle

Wenn eine Pflanzenzelle Wasser verliert, entfernt sich die Zellmembran von der Zellwand. Die Zelle ist dann nicht mehr prall gefüllt und fest.

Mehr erfahren
Finde heraus, wie Tiere im Wasser Nahrung aufnehmen (S. 58–59).

Verdunstung

Die Sonne erwärmt das Blatt. Kleine Poren, die Spaltöffnungen, öffnen sich, sodass mehr Gas heraus und hinein gelangen kann. Das flüssige Wasser verdunstet durch die Spaltöffnungen, das heißt, es wird gasförmig und verteilt sich in der Luft. Dadurch wird mehr Wasser aus den Wurzeln durch die Pflanze nach oben gezogen.

Wasser im Blatt

Im Xylem wird Wasser durch die Mittelrippe des Blattes transportiert. Von ihr zweigen Adern ab, die das gesamte Blatt mit Wasser versorgen.

Blätter stellen Zucker her

Ein grüner Farbstoff in den Blättern, das Chlorophyll, kann die Energie des Sonnenlichts aufnehmen. Mithilfe dieser Energie verbinden sich in den Blättern Wasser und Kohlendioxid zu Zucker. Dabei wird Sauerstoff freigesetzt. Dieser Vorgang heißt Fotosynthese. Die Zucker werden dann weiter zu Nähr- und Baustoffen verarbeitet.

Transport

Die erzeugten Zucker werden ebenfalls im Wasser transportiert. Dafür sind die Leitungsbahnen des Phloems zuständig. Die zuckerhaltige Flüssigkeit strömt darin in beide Richtungen. Die Zucker liefern den Wurzeln, dem Stängel, den Blättern und den Blüten Energie und Stoffe, die sie für ihr Wachstum brauchen.

Pflanzen

Wasser sickert im Boden zu den Wurzeln und bewegt sich von dort in Leitgefäßen nach oben in die Blätter, wo es wieder verdunstet. Aus einem Teil des Wassers stellt die Pflanze Nähr- und Baustoffe her. Dieser Vorgang heißt Fotosynthese. In den Zellen sorgt das Wasser für Festigkeit, sodass die Pflanze aufrecht stehen kann.

Wasser bewegt sich nach oben

Die Leitungsbahnen des Xylems sind feine Röhren, die den Stängel durchziehen und Wasser durch die Pflanze transportieren. Es wird ständig nach oben gezogen, denn die Wassermoleküle haften aneinander. Wenn über die Blätter Wasser verdunstet, wird mehr Wasser nach oben gezogen.

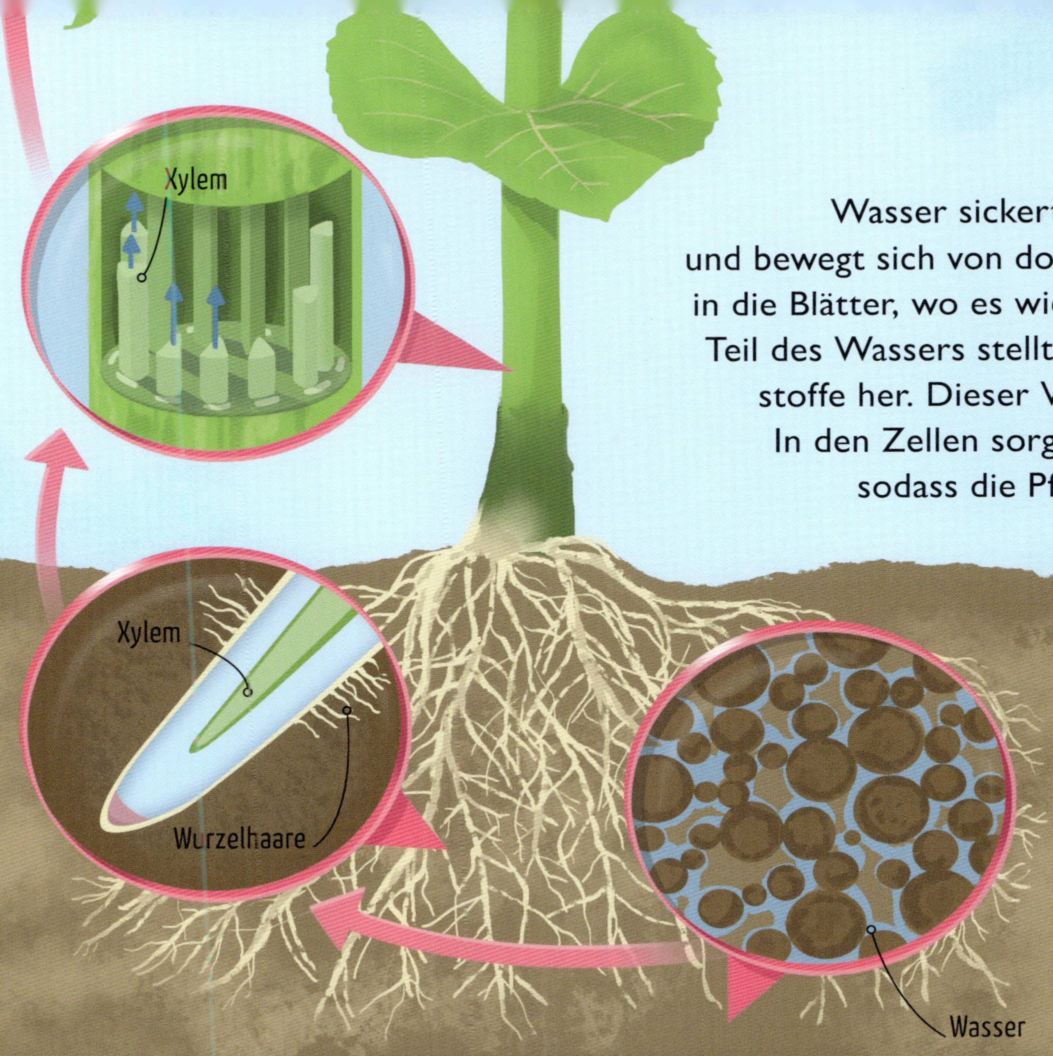

Eintritt in die Wurzel

Von der Wurzel ragen mikroskopisch kleine, haarähnliche Zellen in den Boden. Sie vergrößern die Oberfläche der Wurzel und nehmen Wasser auf. Es gelangt durch Osmose in die Wurzel und bewegt sich durch die Wurzelzellen und die Leitungsbahnen des Xylems.

Im Erdboden

Wasser versickert im Boden, wenn es regnet. Es bewegt sich durch die Gesteine und Bodenteilchen. Dabei lösen sich im Wasser Mineralien aus den Gesteinen und den verrottenden Lebewesen.

Wüstenpflanzen Über dünne, abgeflachte Blätter würde im heißen, trockenen Klima viel Wasser verdunsten. Bei Kakteen sind die Blätter deshalb zu Dornen umgebildet, die gleichzeitig hungrige Tiere fernhalten. Die Fotosynthese findet in den fleischigen Trieben statt.

Im Salzwasser Mangrovenbäume wachsen im Salzwasser. Ihre Wurzeln filtern das Salz aus dem Wasser und die Blätter sind mit einer Wachsschicht bedeckt, sodass über sie kaum Wasser verdunstet.

Wann welkt eine Pflanze?

Pflanzen welken, wenn sie über die Blätter mehr Wasser verlieren, als die Wurzeln aufnehmen können. Die Zellen sind dann nicht mehr prall mit Wasser gefüllt. Das passiert z. B., wenn es einige Tage sehr warm ist und kein Regen fällt.

Nahrung im Wasser

Wasser erzeugt einen Druck, es kann fließen und Dinge schwimmen im Wasser. Manche Lebewesen, zum Beispiel einige fleischfressende Pflanzen, nutzen diese Eigenschaften bei ihrer Nahrungsaufnahme. Viele Tiere, die auf dem Meeresgrund leben, bewegen sich bei der Nahrungssuche nicht. Stattdessen fangen sie Nahrungsteilchen ein, die im Wasser treiben.

Kleine Fallen

Der Wasserschlauch ist eine Pflanze, die im Wasser wächst und mit blasenförmigen Fallen an den Stängeln Beute fängt, z. B. kleine Krebstierchen und Insektenlarven. Die Fallen saugen durch Veränderungen des Wasserdrucks kleine Beutetiere ein. Bei geschlossener Fangblase hat das Wasser innen einen niedrigeren Druck als in der Umgebung.

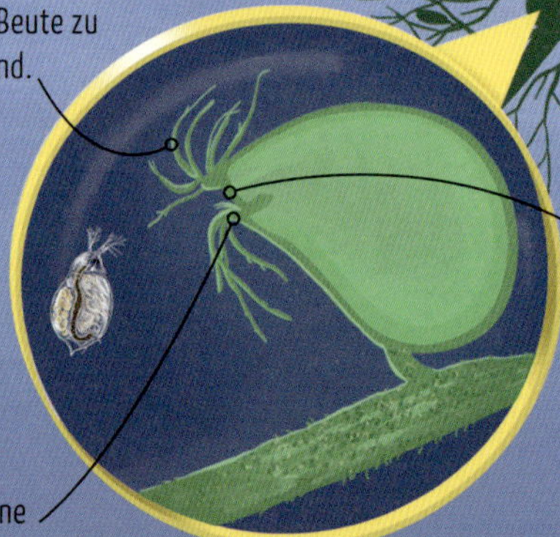

Ein Wasserfloh berührt die Borsten. Die Falltür klappt nach innen, sodass Wasser mitsamt der Beute eingesaugt wird. Die Tür schließt sich, wenn der Wasserdruck innen und außen gleich hoch ist.

Mithilfe von chemischen Stoffen (Enzymen) wird das Opfer verdaut. Anschließend wird Wasser aus der Blase gepumpt, damit der Innendruck wieder sinkt. Nun kann neue Beute gefangen werden.

Wasser strömt immer von Orten mit höherem Druck zu Orten mit geringerem Druck.

Kannenpflanze

Auch Kannenpflanzen sind fleischfressende Pflanzen. Am Grund ihrer kannenförmigen Fallen ist eine Flüssigkeit. Insekten werden von süßem Nektar angelockt, den der Rand absondert. Dort verlieren sie das Gleichgewicht und fallen in die Flüssigkeit, in der ihre weichen Körperteile verdaut werden.

Insekten rutschen am glatten Rand der Kanne aus.

Die Kannen dieser Pflanze entwickeln sich an den Enden langer Ranken, die an den Spitzen der Blätter entspringen.

Nahrungsteilchen im Meer

Meeresströmungen transportieren Nahrungsteilchen herbei, von denen sich die Venusfliegenfallen-Seeanemone und die Räuberische Seescheide ernähren: zwei Tiere, die auf dem Grund der Tiefsee leben. Beide fangen Nahrungsteilchen ein.

Mit ihren Tentakeln fängt diese Seeanemone Nahrungsteilchen ein, die im Wasser treiben.

Die Räuberische Seescheide verspeist Nahrungsreste und Garnelen, die ihr die Strömung direkt ins Maul spült.

Das Wasser durchkämmen

Einige Meerestiere sammeln mit federartigen Körperanhängen Nahrungsteilchen ein. Sie bewegen sie vor und zurück und durchkämmen sozusagen das Wasser.

Haarsterne sind mit den Seesternen verwandt. Sie breiten ihre Arme aus, um Nahrungsteilchen zu fangen, die im Wasser treiben.

Filtrieren

Viele Tiere nehmen Wasser in den Körper auf und filtern dabei Nahrungspartikel oder kleine Tiere heraus. Zu diesen Filtrierern gehören am Grund lebende Tiere wie Schwämme und Muscheln, aber auch viele Fische und Wale.

Hohlräume im Körper des Schwamms sind mit Zellen ausgekleidet, an denen schlagende Geißeln sitzen. Sie strudeln Meerwasser in den Körper und wieder hinaus und filtern dabei Nahrungsteilchen heraus.

Wasser in uns

Wasser macht zwei Drittel unseres Körpers aus. Die Organe und Gewebe eines Menschen bestehen aus Zellen, die ohne Wasser nicht funktionieren können. Wir nehmen Wasser mit der Nahrung und indem wir trinken auf, und verlieren es mit Urin, Kot und Schweiß.

Mehr erfahren

Lies nach, wie mithilfe von Wasser die Nährstoffe in den Pflanzen transportiert werden (S. 56–57).

Das Verdauungssystem

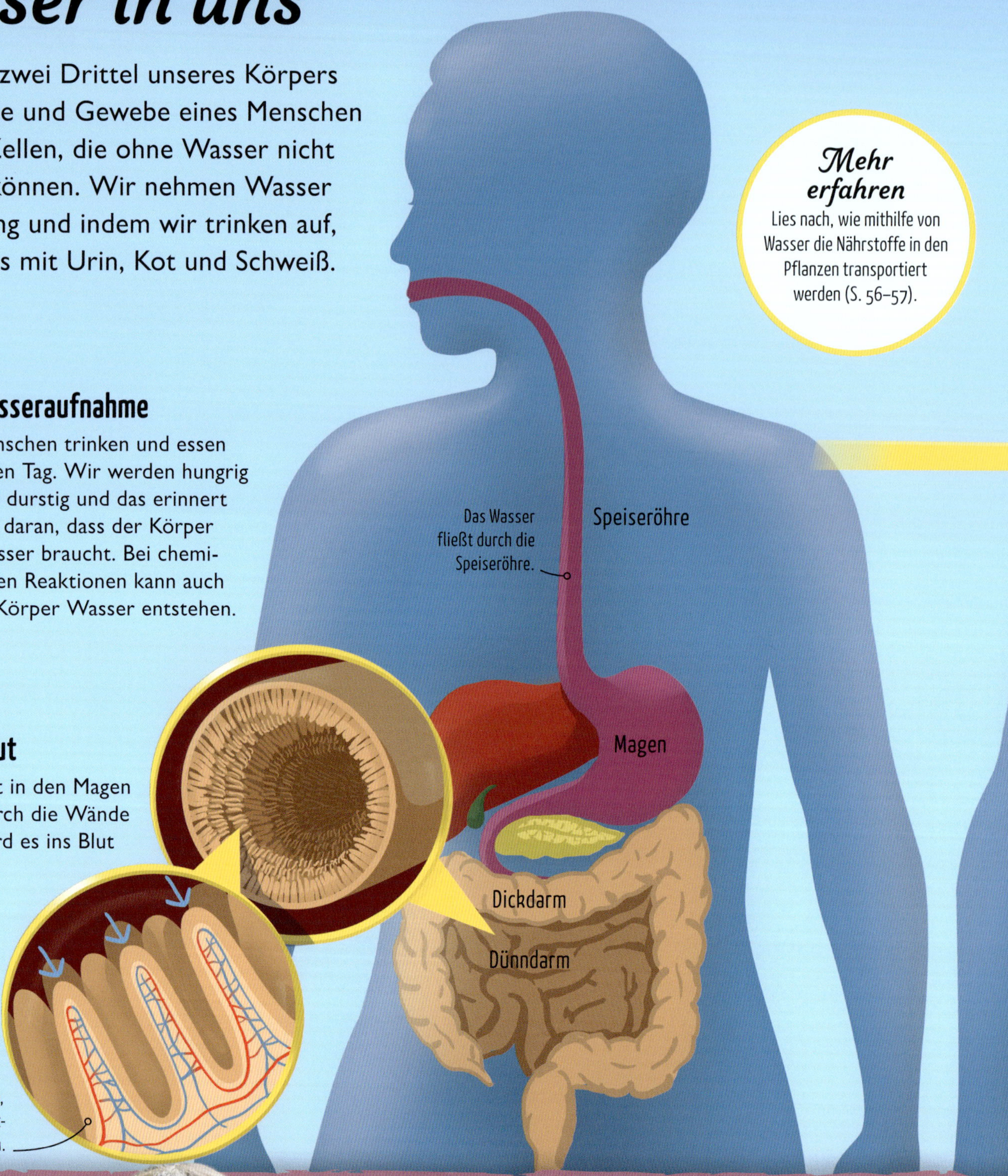

Wasseraufnahme

Menschen trinken und essen jeden Tag. Wir werden hungrig und durstig und das erinnert uns daran, dass der Körper Wasser braucht. Bei chemischen Reaktionen kann auch im Körper Wasser entstehen.

Aufnahme ins Blut

Das Wasser gelangt in den Magen und den Darm. Durch die Wände des Dünndarms wird es ins Blut aufgenommen.

Verdauung Wasser hilft beim Transport der Nahrung durch das Verdauungssystem. Es hält den Kot weich, denn so kann er leichter ausgeschieden werden.

Blutkörperchen Das Blut besteht aus roten und weißen Blutkörperchen und Blutplättchen in einer wässrigen Flüssigkeit, dem Plasma. Rote Blutkörperchen sind scheibenförmig und tragen den Sauerstoff. Weiße Blutkörperchen wehren Bakterien und Viren ab.

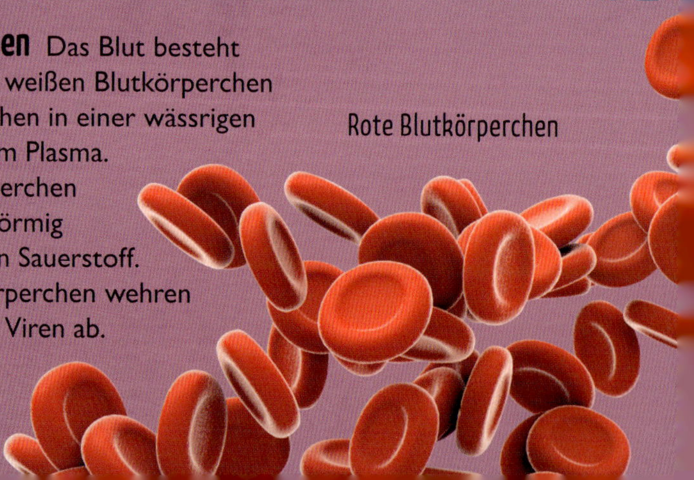

Rote Blutkörperchen

Das Kreislaufsystem

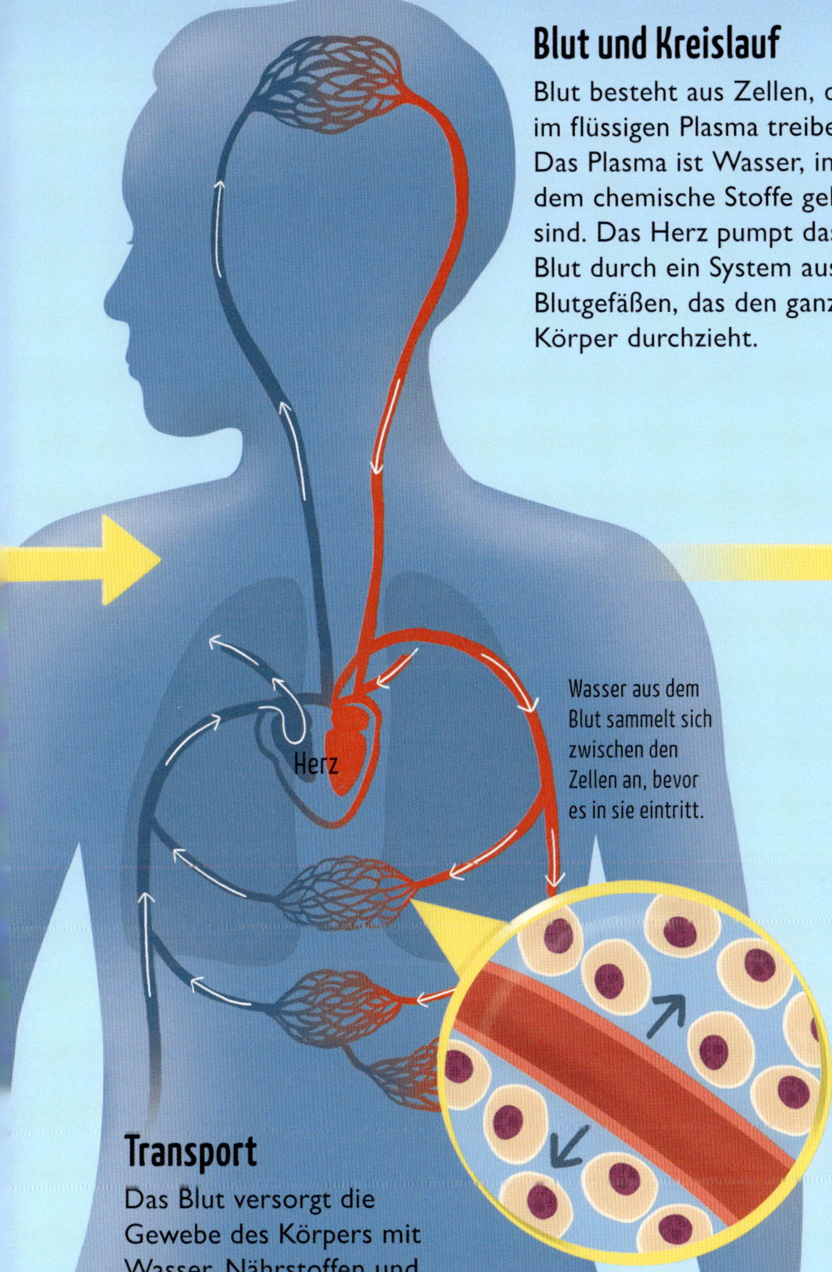

Blut und Kreislauf

Blut besteht aus Zellen, die im flüssigen Plasma treiben. Das Plasma ist Wasser, in dem chemische Stoffe gelöst sind. Das Herz pumpt das Blut durch ein System aus Blutgefäßen, das den ganzen Körper durchzieht.

Transport

Das Blut versorgt die Gewebe des Körpers mit Wasser, Nährstoffen und Sauerstoff. Der Blutdruck, den das schlagende Herz erzeugt, bewirkt, dass Wasser mit den darin gelösten chemischen Stoffen aus dem Blut zu den Zellen gepresst wird.

Das Ausscheidungssystem

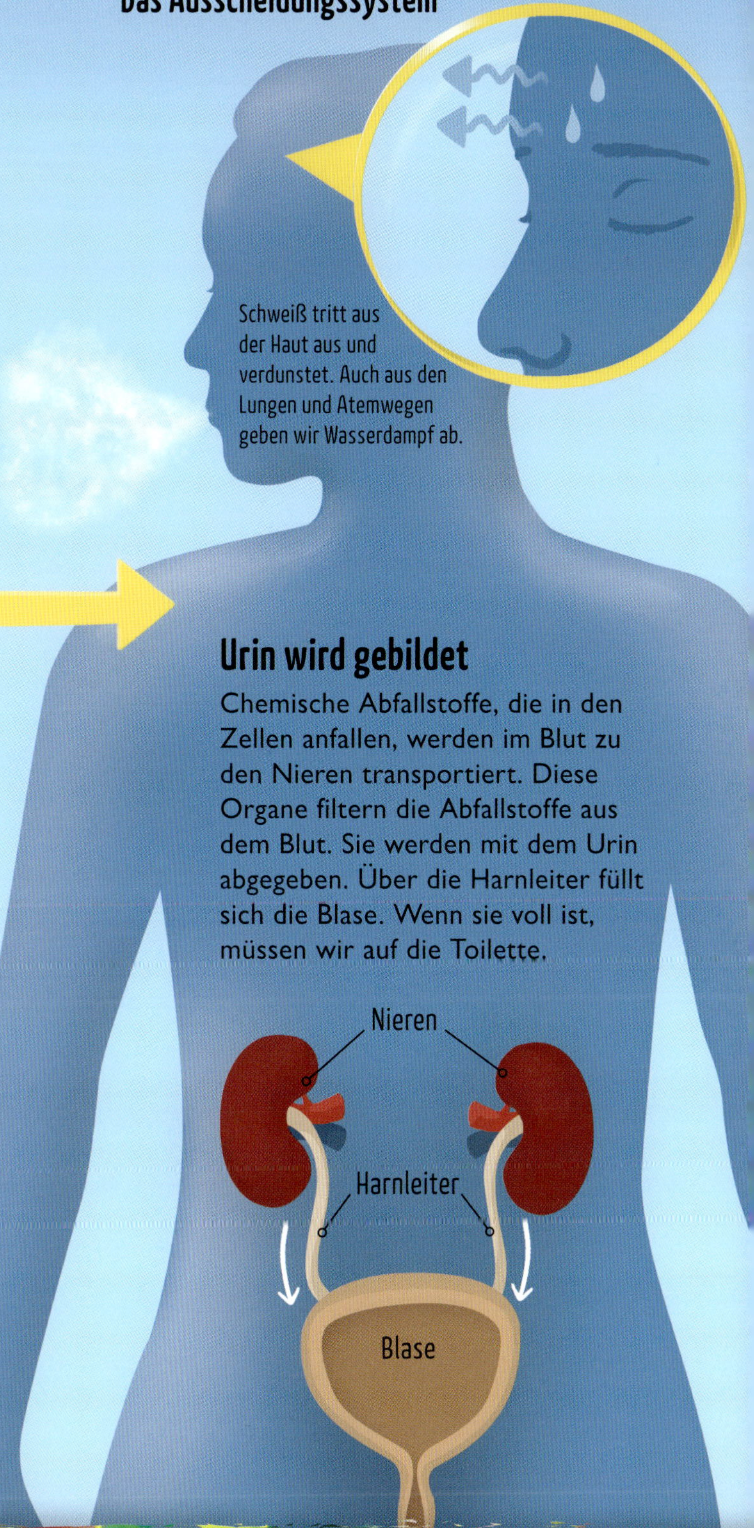

Urin wird gebildet

Chemische Abfallstoffe, die in den Zellen anfallen, werden im Blut zu den Nieren transportiert. Diese Organe filtern die Abfallstoffe aus dem Blut. Sie werden mit dem Urin abgegeben. Über die Harnleiter füllt sich die Blase. Wenn sie voll ist, müssen wir auf die Toilette.

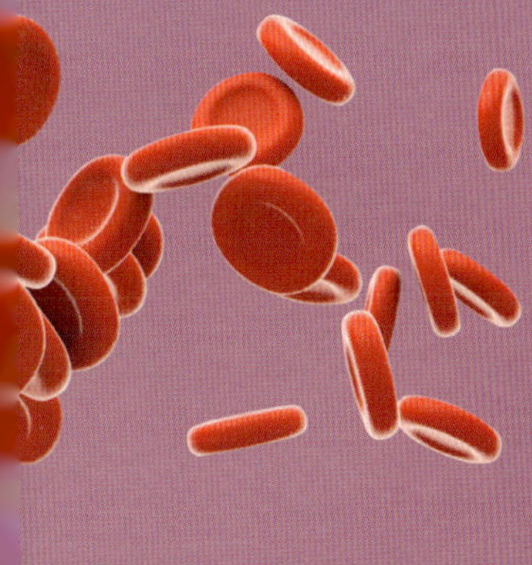

Schweiß Diese Flüssigkeit wird von Drüsen in der Haut abgegeben. Wenn Schweiß auf der Haut verdunstet, sorgt das für Kühlung.

Leben in der Wüste

Kamele können mehrere Tage lang in der Wüste überleben, ohne zu trinken und zu fressen. Das Dromedar gehört zu den Kamelen und überlebt in der heißen, trockenen Sahara, weil in seinem Höcker Fett als Energielieferant gespeichert ist. Sein Körper übersteht extrem hohe Temperaturen und lange Zeiträume ohne Wasser.

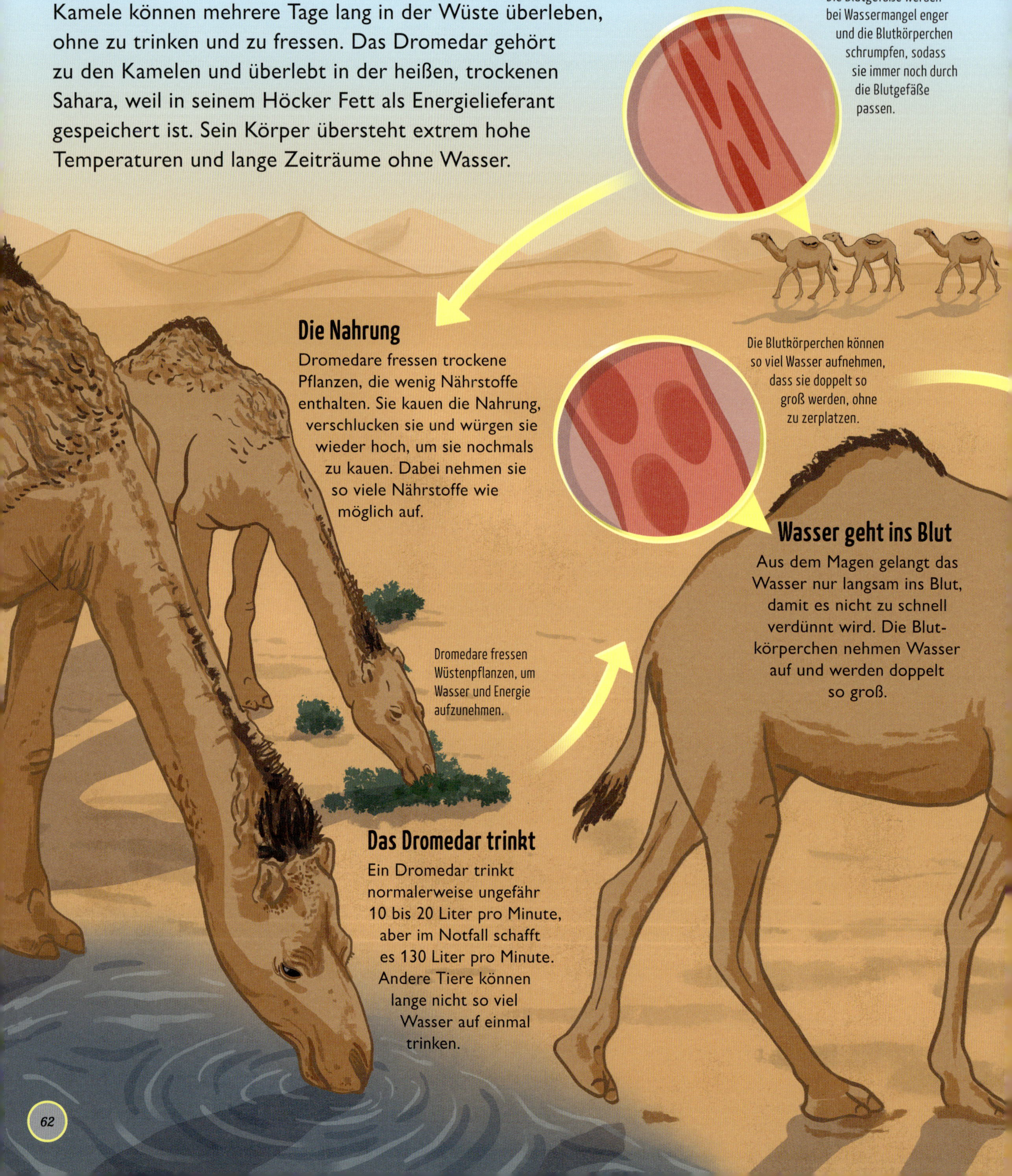

Die Blutgefäße werden bei Wassermangel enger und die Blutkörperchen schrumpfen, sodass sie immer noch durch die Blutgefäße passen.

Die Nahrung

Dromedare fressen trockene Pflanzen, die wenig Nährstoffe enthalten. Sie kauen die Nahrung, verschlucken sie und würgen sie wieder hoch, um sie nochmals zu kauen. Dabei nehmen sie so viele Nährstoffe wie möglich auf.

Die Blutkörperchen können so viel Wasser aufnehmen, dass sie doppelt so groß werden, ohne zu zerplatzen.

Wasser geht ins Blut

Aus dem Magen gelangt das Wasser nur langsam ins Blut, damit es nicht zu schnell verdünnt wird. Die Blutkörperchen nehmen Wasser auf und werden doppelt so groß.

Dromedare fressen Wüstenpflanzen, um Wasser und Energie aufzunehmen.

Das Dromedar trinkt

Ein Dromedar trinkt normalerweise ungefähr 10 bis 20 Liter pro Minute, aber im Notfall schafft es 130 Liter pro Minute. Andere Tiere können lange nicht so viel Wasser auf einmal trinken.

Wasserverlust überleben

Die meisten Tiere sterben, wenn sie mehr als 15 Prozent des Wassers im Körper verlieren, aber ein Dromedar kann doppelt so viel abgeben. Auch in seinem Blut ist dann weniger Wasser.

Der Höcker

Wenn das Tier wenig Futter findet, wird das Fett im Höcker verbrannt, sodass Energie frei wird. Ist alles Fett verbraucht, hängt der Höcker schlaff herab.

Cool bleiben

Der Körper eines Dromedars erträgt hohe Temperaturen. Das Tier schwitzt nur, wenn es richtig heiß wird. Das spart wertvolles Wasser.

Dromedare atmen langsam und tief, sodass beim Ausatmen möglichst wenig Wasserdampf verloren geht.

Die Nieren

Die Nieren des Dromedars filtern das Blut. Wasser und gelöste Abfallstoffe werden als Urin abgegeben. Bei Wassermangel halten die Nieren das Wasser zurück, sodass der Dromedar-Urin konzentrierter ist.

Mehr erfahren

Finde heraus, weshalb Menschen Durst verspüren und deshalb trinken (S. 66–67).

Unechte Rose von Jericho

Die Wüstenpflanze mit ihren braunen Blättern sieht wie abgestorben aus. Nach einem Regen nimmt sie jedoch schnell wieder Wasser auf und färbt sich grün.

Sandfuchs Dieser Fuchs trinkt niemals. Er jagt nachts in der Wüste und nimmt mit der Nahrung Wasser auf. Im Körper kann er zudem Nahrung in Wasser umwandeln.

Zweihöckriges Kamel

Das zottige Fell des Zweihöckrigen Kamels, das in der Wüste Gobi lebt, wärmt im Winter und wird im Frühjahr durch ein dünneres Fell ersetzt. Dieses Kamel ist ähnlich an die Wüste angepasst wie das Dromedar.

Wasser sammeln

In Wüsten und anderen Gegenden, in denen es selten regnet, ist es für die Lebewesen schwierig, genug Wasser zu finden. Bei einigen Tieren haben sich der Körper und das Verhalten an diese Bedingungen angepasst, sodass sie möglichst viel Wasser sammeln können. Schon eine kleine Wassermenge kann den Unterschied zwischen Leben und Tod bedeuten.

Nebel in der Wüste

Dieser Schwarzkäfer lebt in der afrikanischen Namibwüste und trinkt am frühen Morgen das Wasser des Nebels, der vom Meer ins Land zieht. Er macht eine Art Handstand, sodass sein Hinterkörper dem Nebel zugewandt ist. Wassertröpfchen kondensieren an den Flügeldecken und laufen in seinen Mund.

Kakteen

Die Dornen der Kakteen schützen nicht nur vor Pflanzenfressern. An ihnen sammeln sich auch Wassertröpfchen des Nebels in der Wüste. Das Wasser läuft an den Dornen entlang und tropft auf den Boden über den Wurzeln. Viele Kakteen speichern in den Trieben Wasser.

Ein Drink im Wüstensand

Der australische Dornteufel saugt mit den Schuppen Wasser aus dem Boden auf. Wenn die Echse ihren Bauch tief im feuchten Sand vergräbt, wird die Feuchtigkeit von kleinen Kanälen zwischen den Schuppen aufgenommen und zum Mund geleitet. Das Tier schaufelt sich dabei auch feuchten Sand auf den Rücken.

Das Wasser wird durch kleine Kanäle gesogen, so ähnlich wie ein Löschpapier Feuchtigkeit aufsaugt. Es bewegt sich entlang des Körpers in den Mund der Echse.

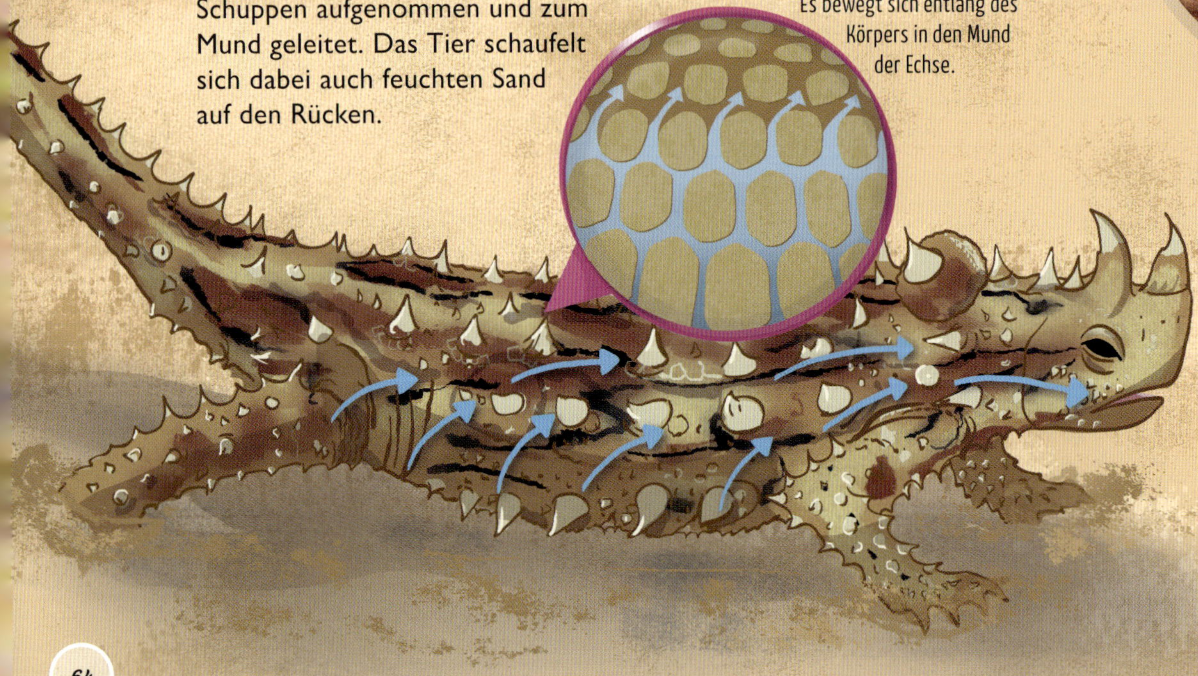

Gerillte Schuppen

Um den seltenen Regen gut zu nutzen, rollen sich einige Klapperschlangen zusammen und trinken das Wasser auf ihren Schuppen. Ein Netz aus kleinen Rillen auf der Schuppenfläche nimmt den Regen auf und die Schlange schleckt die Tröpfchen ab.

Wasser aus der Luft

Um in der Trockenzeit Wasser aufzunehmen, zieht sich der Korallenfinger-Laubfrosch nachts in eine Höhle oder ein Baumloch zurück. Hier kondensiert Wasser aus der warmen Luft an seinem kühleren Körper, ähnlich wie sich auf einer kalten Kanne aus dem Kühlschrank Tröpfchen bilden.

Die Luft in der Höhle ist warm und feucht.

Der Frosch nimmt durch die Haut Feuchtigkeit auf.

Das Flughuhn ruckelt hin und her und schüttelt sein Bauchgefieder im Wasser. Es kann 15 Minuten dauern, bis es vollgesogen ist.

Wassertransport

Flughuhnküken suchen nach dem Schlüpfen selbstständig Nahrung, aber der Vater bringt ihnen Trinkwasser herbei. Er fliegt zu einem Wasserloch und taucht seinen Bauch ins Wasser. Spezielle filzige Federn können viermal so viel Wasser aufnehmen wie ein Badeschwamm. Dann fliegt der Vogel zurück zu seinen durstigen Küken, um ihnen das Wasser zu bringen.

Ein Flughuhn-Männchen fliegt oft 120 km weit, um Wasser für seine Küken zu holen.

Die Küken saugen das Wasser mit dem Schnabel aus den Federn.

Durstgefühl

Das Gehirn prüft ständig, wie viel Wasser sich im Körper befindet. Wenn der Wassergehalt sinkt, sendet es chemische Signale in den Körper, damit er sich anpassen kann. Das Gehirn steuert auch, wann wir uns durstig fühlen. Dann trinken wir, um wieder Wasser aufzunehmen.

Sport

Der Körper verbraucht beim Sport Wasser und gibt Wärme ab. Menschen schwitzen, weil der Schweiß beim Verdunsten kühlt.

Der Wassergehalt sinkt

Wenn der Wassergehalt im Blut und den anderen Körperflüssigkeiten sinkt, werden sie dickflüssiger. Zellen im Gehirn nehmen dies wahr und das Gehirn löst ein Durstgefühl aus.

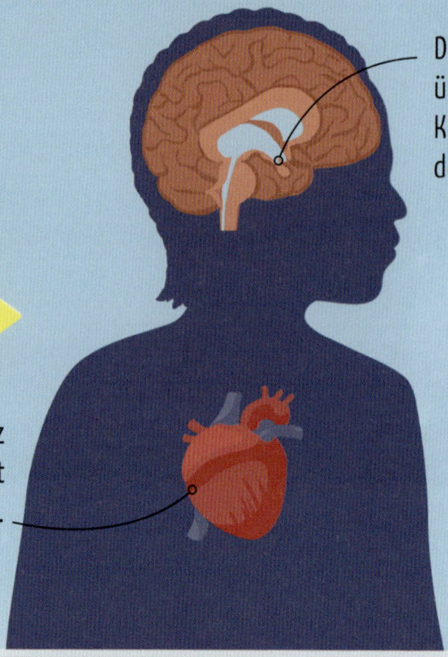

Wasseraufnahme

Wir trinken, damit das Blut und die Zellen ausreichend Wasser haben und der Körper funktionieren kann. Wie viel Flüssigkeit wir brauchen, hängt davon ab, wie schwer wir sind, wie viel wir uns bewegen und ob es warm oder kalt ist. Ungefähr so viel Wasser musst du jeden Tag trinken:

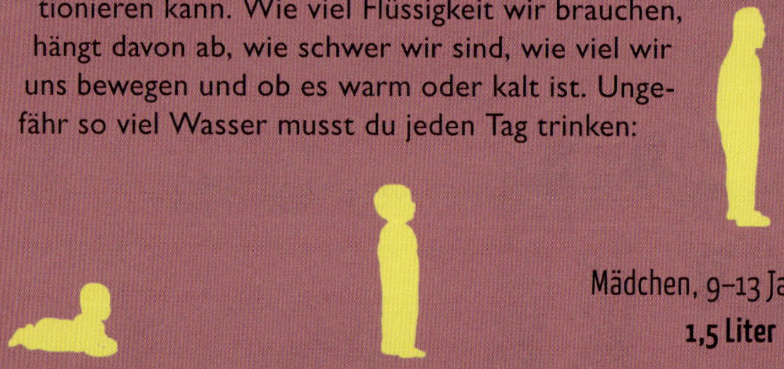

Kind, 1–3 Jahre alt: **0,8 – 1 Liter**

Kind, 4–8 Jahre alt: **1,2 Liter**

Mädchen, 9–13 Jahre alt: **1,5 Liter**

Junge, 9–13 Jahre alt: **1,6 Liter**

Mehr erfahren

Lies nach, wie Dromedare an die Trockenheit angepasst sind (S. 62–63) und wie Tiere Wasser sammeln (S. 64–65).

Farbe des Urins Wenn der Körper wenig Wasser enthält, halten die Nieren Wasser zurück, sodass der Urin konzentrierter und dunkler ist. Enthält der Körper dagegen viel Wasser, sieht der Urin heller aus, denn dann ist er stärker verdünnt.

Salz in der Nahrung Das Salz in unserer Nahrung wird ins Blut aufgenommen, sodass sein Salzgehalt steigt. Das wirkt auf das Gehirn und den Körper genauso, als würde uns Wasser entzogen: Wir bekommen Durst.

Ein Signal wird gesendet

Diese Zellen befinden sich im Hypothalamus, einem Gehirnbereich, der über einer Drüse liegt, der Hypophyse. Der Hypothalamus bewirkt, dass die Hypophyse spezielle Hormone ausschüttet.

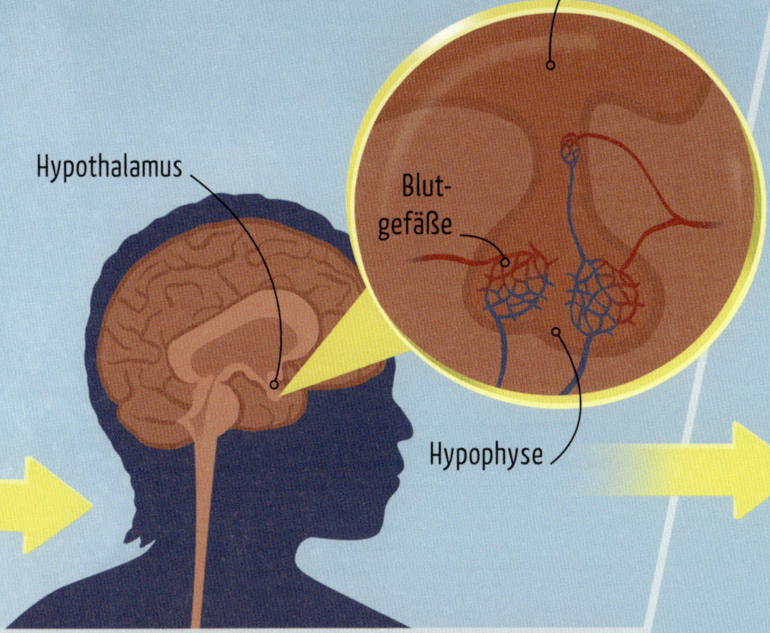

Die Reaktion der Nieren

Die Hormone gelangen im Blutkreislauf zu den Nieren und bewirken, dass die Nieren mit dem Urin weniger Wasser ausscheiden, sodass dem Blut nicht so viel Flüssigkeit entzogen wird.

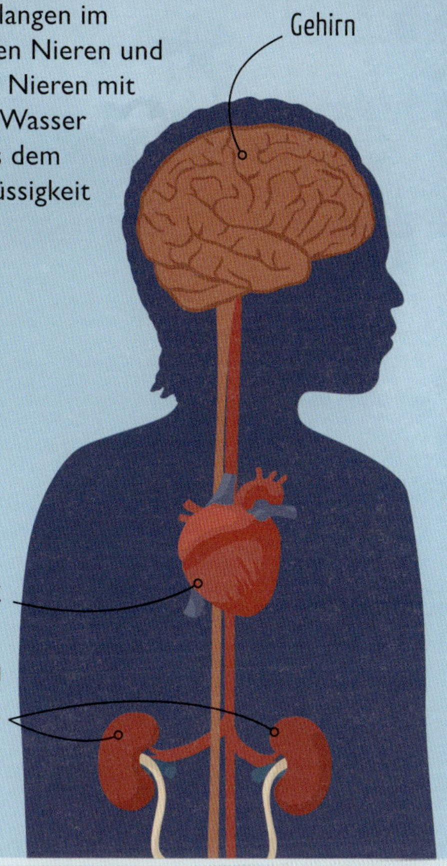

Männer ab 14 Jahren:
2 Liter

Frauen ab 14 Jahren:
1,6 Liter

Schwangere Frauen:
2,3 Liter

Trinken

Es dauert fünf Minuten, bis das erste Wasser ins Blut eindringt, und etwa zehn Minuten, bis der größte Teil im Blut ist. Wir hören aber schon früher auf zu trinken, weil wir wahrnehmen, wie wir Wasser verschlucken, und das Gehirn dann weiß, dass wir nun nicht mehr durstig sind.

Die Blase Urin sammelt sich in der Blase. Ist sie voll, dehnen sich die Wände und senden elektrische Signale zum Gehirn. Wir wissen nun, dass wir auf die Toilette müssen. Dort entspannen wir einen Muskelring, sodass sich die Blase öffnet. Dann spannen wir Muskeln in der Blasenwand an, sodass der Urin herausgepresst wird.

Leben im Wasser

Das Leben auf der Erde entstand vor Milliarden Jahren im Wasser. Heute leben dort noch immer unzählige Tiere, Algen und Pflanzen. Sie wachsen und vermehren sich unter der Wasseroberfläche. In den Tiefen der Ozeane, in winzigen Tümpeln und reißenden Flüssen findet man wirklich erstaunliche Lebewesen.

Tiere im Wasser

Wasserlebewesen sind an ganz andere Bedingungen angepasst als Landlebewesen. Wasser ist dichter als Luft, deshalb kostet es mehr Kraft, sich fortzubewegen. Außerdem enthält das Wasser weniger Sauerstoff als die Luft.

Mit einem langen, stromlinienförmigen Körper kann sich ein Wassertier leichter fortbewegen.

Fortbewegung

Die Fortbewegung im Wasser erfordert mehr Energie als an Land. Besonders für die kleinsten Lebewesen macht das einen großen Unterschied. Viele Wassertiere schwimmen, indem sie ihren Körper hin und her bewegen. Andere verschaffen sich mit speziellen Körperteilen wie Flossen Antrieb. Die kleinsten Tiere, Zooplankton genannt, driften mit den Strömungen. Einige Tiere haben einen langen, stromlinienförmigen Körper.

Albatrosse paddeln mit Schwimmhäuten zwischen den Zehen.

Für die winzigen Tiere des Zooplanktons wie diese Ruderfußkrebse ist das Schwimmen so kraftaufwendig, als würden wir durch Sirup kraulen.

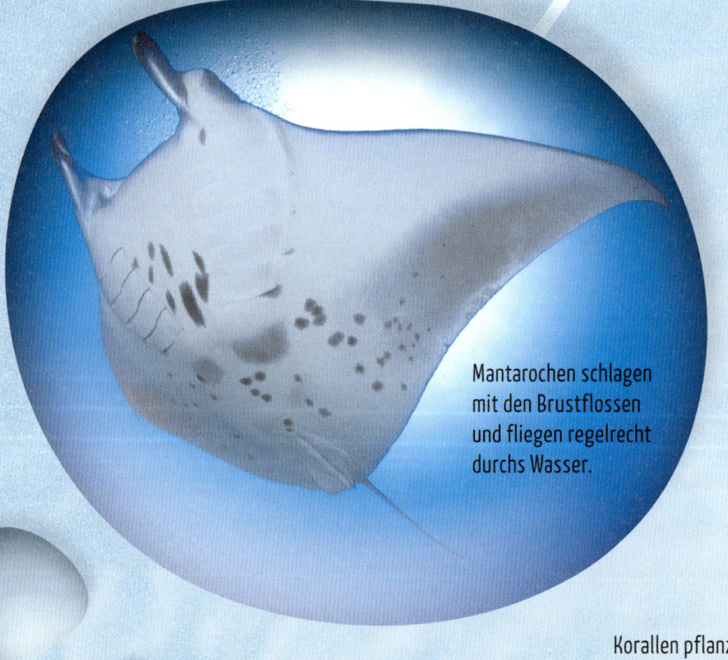

Mantarochen schlagen mit den Brustflossen und fliegen regelrecht durchs Wasser.

Korallen pflanzen sich fort, indem sie ihre Spermien und Eizellen direkt ins Wasser abgeben.

Der Blauwal ist das größte Tier, das je auf der Erde gelebt hat.

Größerer Körper

Wasser stützt den Körper besser als Luft. Lebewesen im Wasser können deshalb ohne spezielle Skelette (Tiere) oder stützende Gewebe (Pflanzen) enorm groß werden. Deshalb sind riesige Wale, große Quallen und Riesentange wabbelig und hilflos, wenn sie stranden.

Wenn sie an den Strand gespült wird, kann sich die weiche Gelbe Haarqualle, die größte Qualle der Erde, nicht aus eigener Kraft zurück ins Meer bewegen.

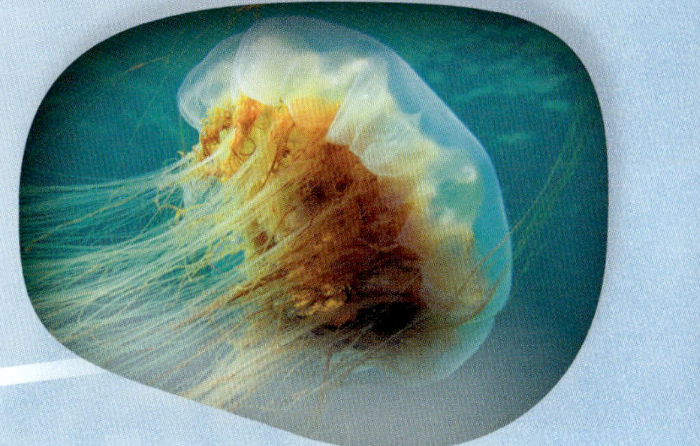

Sauerstoff aufnehmen

Fische und viele andere Wassertiere nehmen mit Kiemen Sauerstoff aus dem Wasser auf. Säugetiere und Reptilien, die im Wasser leben, haben Lungen statt Kiemen. Lungen nehmen den Sauerstoff aus der Luft auf, deshalb müssen diese Tiere zur Oberfläche kommen, um zu atmen. Die meisten Amphibien haben als junge Tiere Kiemen und bilden als landlebende, erwachsene Tiere Lungen aus.

Amphibien bilden ihre Kiemen normalerweise zurück, wenn sie sich zu erwachsenen Ticren entwickeln, abei Axolotl behalten ihre gefiederten Kiemen ein Leben lang.

Im Winter, wenn sich in den Polargebieten eine Eisdecke auf dem Meer bildet, halten Robben Atemlöcher im Eis offen.

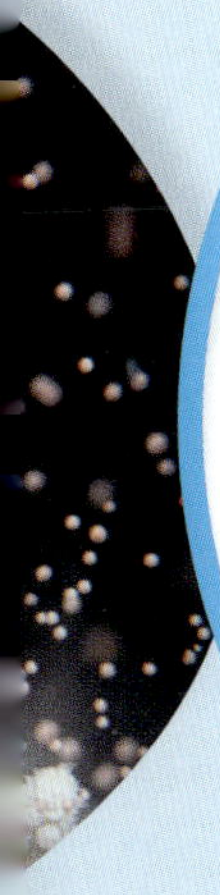

Nachwuchs bekommen

Spermien brauchen Wasser, damit sie zu den Eizellen schwimmen und sie befruchten können. Die meisten Wasserlebewesen geben Spermien und Eizellen ins Wasser ab und verlassen sich darauf, dass eine Befruchtung stattfindet. Einige paaren sich so, dass die Spermien direkt in den Körper des Weibchens gelangen. So ist es wahrscheinlicher, dass die Eier befruchtet werden.

Wenn sich Delfine paaren, werden die Eizellen im Körper des Weibchens befruchtet.

Bereiche der Meere

In den Meeren gibt es unterschiedliche Bereiche, zum Beispiel die eiskalten Polarmeere, die warmen tropischen Meere, die lichtdurchflutete Oberfläche oder die dunkle Tiefsee, in der ein enormer Wasserdruck herrscht. Die Meerestiere haben sich an ihre Lebensräume angepasst. Sie finden in ihrer speziellen Umgebung Nahrung und Schutz und pflanzen sich hier fort.

Tropische Meere

In den Tropen in Äquatornähe steht die Sonne während des ganzen Jahres fast senkrecht am Himmel. Daher ist es in den tropischen Meeren immer warm. Korallenriffe in seichten Gewässern sind Lebensräume für unzählige Tierarten.

Polarmeere

Obwohl im Winter eine Eisschicht die Meere um den Nord- und Südpol bedeckt, sind die Polarmeere nährstoffreich. Säugetiere wie Robben und Vögel wie Pinguine haben eine dicke Fettschicht, die den Körper gut isoliert. Bei vielen Fischen der Polarmeere verhindern chemische Stoffe, dass ihr Körper gefriert.

Die gemäßigten Breiten

Zwischen den eiskalten Polargebieten und den warmen Tropen befinden sich die kühlen Meere der gemäßigten Breiten. Schwärme von Sardinen, Heringen und Sardellen sind auf der Suche nach kleinen Krebstierchen. Sie selbst werden von größeren Fischen, Meeressäugern und Seevögeln erbeutet.

Die tiefste Region ist der Marianengraben im westlichen Pazifik. Er ist bis zu 11 030 Meter tief.

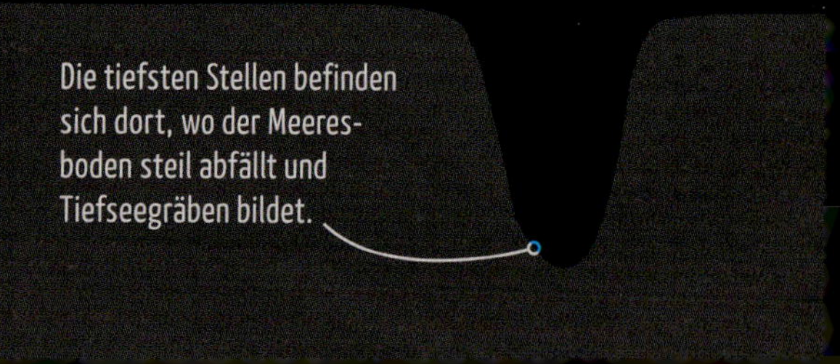

Meeres-schildkröte

Zu den Tieren der Sonnenlichtzone gehören viele Arten von Fischen und Meeresschildkröten sowie Säugetiere wie Wale und Delfine.

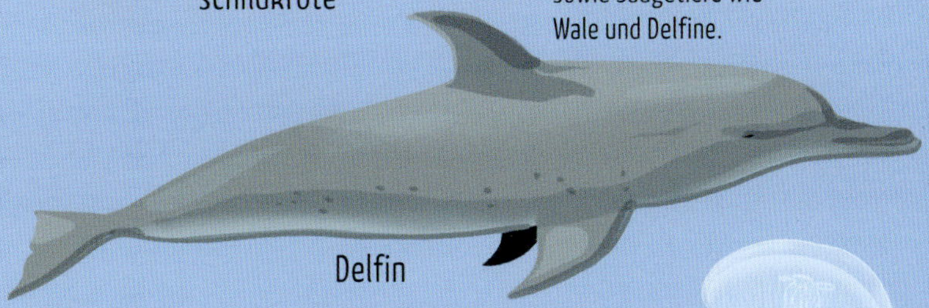

Delfin

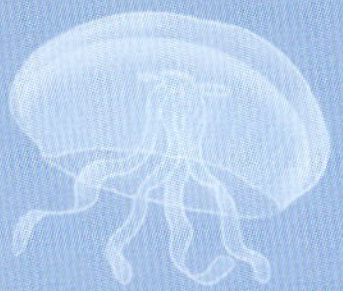

Qualle

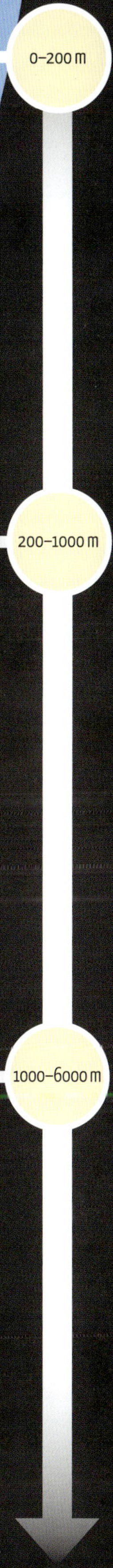

Sonnenlichtzone

Die meisten Meerestiere leben im hellen, sonnendurchfluteten Wasser nahe der Oberfläche, wo Gezeiten, Strömungen und Winde das Wasser bewegen. Die Temperaturen in dieser Zone ändern sich im Lauf der Jahreszeiten. Winzige Algen und kleine, schwebende Tiere sind die Nahrung vieler Meerestiere. Tiere, die dieses Plankton fressen, werden von größeren Räubern erbeutet.

In der Dämmerungszone haben viele Tiere große, empfindliche Augen, die möglichst viel Licht einfangen.

Beilfisch

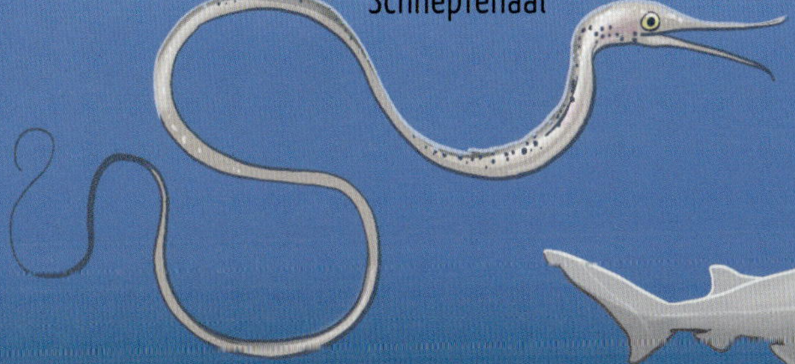

Schnepfenaal

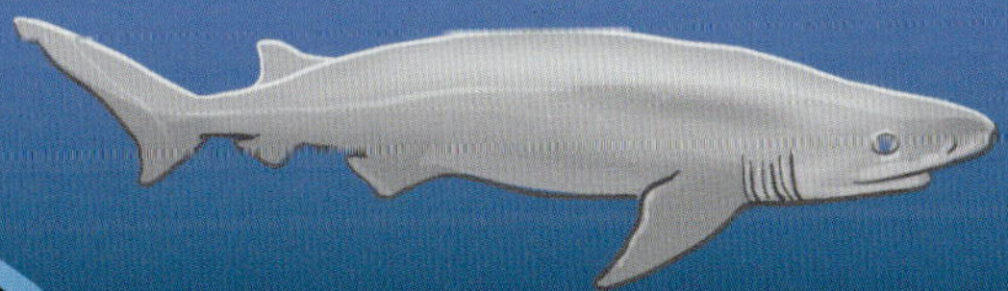

Hai

Dämmerungszone

Hier gibt es gerade noch ausreichend Licht, dass die Tiere sehen können, aber für das Wachstum der Algen reicht es nicht aus. Viele Tiere schwimmen nachts zur Oberfläche, um zu fressen, und tauchen während des Tages ab. Andere bleiben in der Tiefe und lauern auf Beute. Einige von ihnen haben riesige Kiefer und gewaltige Zähne. Viele Tiere, die in dieser Zone leben, erzeugen Licht, um Räuber zu verwirren oder Partner oder Beutetiere anzulocken.

Licht erzeugen

Viele Tiere, die hier unten leben, blinken oder leuchten. In ihrem Körper gibt es Taschen, die mit Bakterien gefüllt sind. Diese Mikroben können aus chemischen Stoffen Licht erzeugen. Wissenschaftler bezeichnen das als Biolumineszenz.

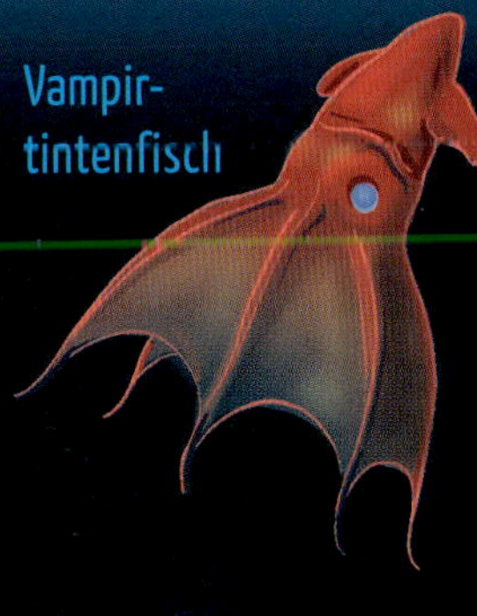

Vampir-tintenfisch

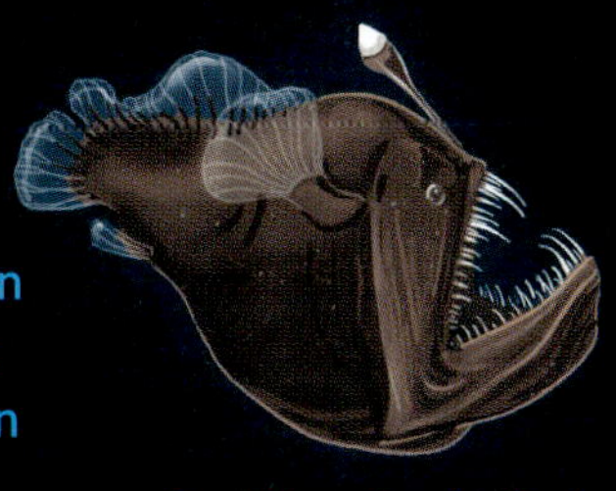

Buckliger Anglerfisch

Tiefseezone

In den geheimnisvollen Tiefen ist es dunkel, sehr kalt und das Gewicht des Wassers übt einen enormen Druck auf die Tiere aus, die hier leben. Viele Tiere der Tiefseezone können Licht erzeugen. Andere sind blind und finden ihre Nahrung und ihre Partner, indem sie lauschen und tasten und Gerüche und Bewegungen wahrnehmen.

Einige Tiere der Tiefsee fressen vermodernde Teilchen, die wie Schnee von oben herabrieseln.

Tiefsee-Seegurken

Entwicklung des Lebens

Die Erde entstand vor etwa 4,5 Milliarden Jahren. Später war wohl lange Zeit die ganze Oberfläche der jungen Erde von Wasser bedeckt, das die geeigneten Bedingungen für Leben bot. Anfangs gab es wohl etwa 3 Milliarden Jahre lang nur einzellige Mikroben.

Wasser, das aus Schloten in der Tiefsee strömt, enthält Mineralien aus Gesteinen der Erdkruste.

Die ersten Lebewesen

Das Leben entwickelte sich womöglich in Spalten am Grund der Tiefsee, die man hydrothermale Schlote nennt. Aus ihnen strömt heißes, mineralienreiches Wasser. Die ersten einzelligen Mikroben nahmen Mineralstoffe auf, um Energie zu gewinnen.

4 Mrd.

Sauerstoff wird frei

Einige Mikroben in sonnendurchfluteten, seichten Meeren begannen, Fotosynthese zu betreiben. Sie wandelten die Energie des Sonnenlichts in Energie um, die sie nutzen konnten. Dabei setzten sie Sauerstoff frei. Er reicherte sich in den Meeren und in der Atmosphäre an.

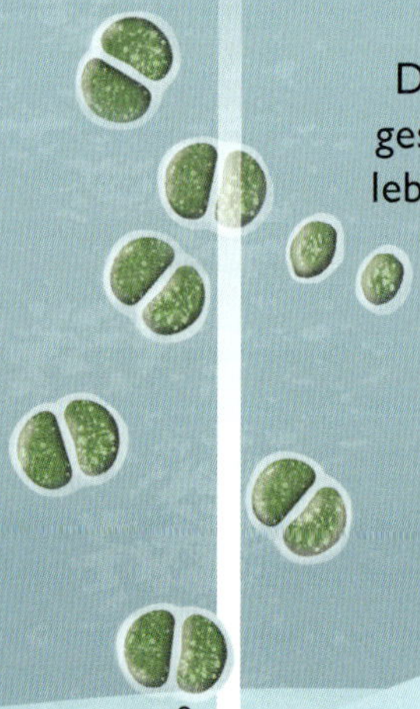

Cyanobakterien waren die ersten Mikroben, die Fotosynthese betreiben konnten.

3,5 Mrd.

Vielzellige Lebewesen

Die meisten Mikroben wurden vom freigesetzten Sauerstoff vergiftet. Einige überlebten und entwickelten sich zu neuartigen Lebewesen. Manche bestanden aus vielen Zellen und waren daher größer.

Die ersten Algen waren viel größer als Mikroben, aber trotzdem nur wenige Millimeter lang.

1 Mrd.

Tiere

Die ersten Tiere hatten einen weichen Körper. Einige saßen am Meeresgrund fest und nahmen Nährstoffe aus dem Wasser auf. Andere krabbelten umher und suchten am Grund nach Nahrung.

Charnia sah ähnlich wie ein Farn aus, aber das Tier lebte am Grund der Tiefsee.

600 Mio.

Mrd. = vor Milliarden Jahren
Mio. = vor Millionen Jahren

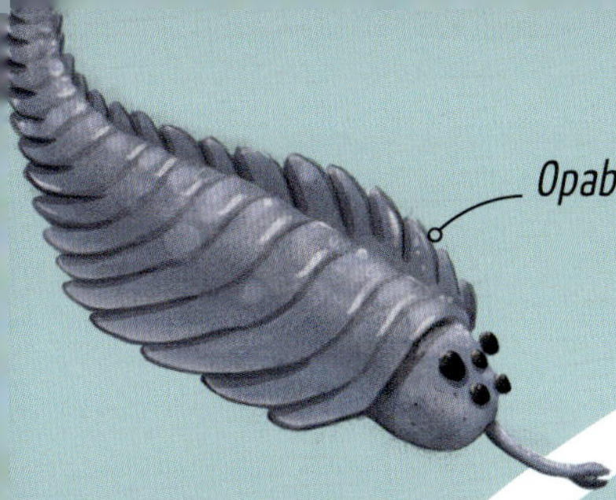

Opabinia

540 Mio.

Anomalocaris fraß wahrscheinlich Tiere mit weichem Körper, wie z. B. Würmer.

530 Mio.

Wirbeltiere

Die ersten Fische hatten einen Schädel aus Knorpeln. Sie besaßen keine Kiefer, deshalb mussten sie im weichen Schlamm Nahrung suchen. Später entwickelten sich Tiere mit einer Wirbelsäule aus Knorpeln – die ersten Wirbeltiere.

Die heute lebenden Neunaugen sind Überlebende der kieferlosen Fische. Wie ihre Vorfahren besitzen sie ein Skelett aus Knorpeln.

500 Mio.

Frühe wirbellose Tiere gruben sich an Land in den feuchten Boden. Eine Schleimschicht schützte ihren Körper vor dem Austrocknen.

Besiedlung des Festlands

Kleine wirbellose Tiere verließen das Wasser und moosähnliche Pflanzen wuchsen an den Küsten. Diese Lebewesen waren zur Fortpflanzung aber noch auf das Wasser angewiesen.

430 Mio.

Dunkleosteus

Kiefer zum Beißen und Kauen

Einige Fische hatten nun Kiefer, sodass sie größere Nahrung fressen konnten. Viele Fische mit Kiefern wie *Dunkleosteus* gehörten zu einer Gruppe gepanzerter Räuber, den Placodermen.

420 Mio.

Strahlenflosser wie dieses versteinerte Tier bildeten die größte Fischgruppe in den Meeren.

Skelette aus Knochen

Die ersten Fische mit Knochenskeletten entwickelten sich. Einige von ihnen besaßen bereits Flossen, die von dünnen Knochenstrahlen gestützt wurden. Andere Knochenfische hatten fleischige Flossen.

Kambrische Explosion

Im Kambrium herrschten Bedingungen, unter denen sich viele neue Tiere entwickeln konnten. Einige ähnelten heute lebenden Tieren wie Quallen, Garnelen und Muscheln. Andere sahen aus wie Wesen von einem anderen Planeten.

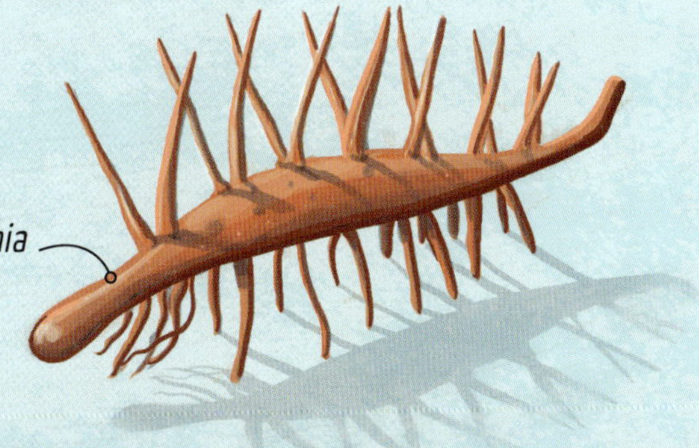

Hallucigenia

Reptilien

Einige Amphibien entwickelten eine schuppige Haut, mit der sie das Wasser für lange Zeit verlassen konnten. Sie legten Eier mit festen Schalen, die sich an Land entwickeln konnten. Es waren die ersten Reptilien.

Die meisten Reptilien legen Eier mit robusten Schalen. Die Jungen entwickeln sich darin in einer Flüssigkeit, bis sie schlüpfen.

Schildkröten

Reptilien mit einem Panzer lebten bereits seit Jahrmillionen an Land, aber einige kehrten ins Meer zurück. Nachdem sich ihre Beine zu Flossen umgebildet hatten, sahen sie sehr ähnlich wie die heute lebenden Meeresschildkröten aus.

Plesiosaurier hatten Flossen und manche von ihnen besaßen sehr lange Hälse.

Amphibien

Manche Fleischflosser wie *Tiktaalik* konnten sich an Land fortbewegen. Sie entwickelten Lungen und wurden zu den ersten Amphibien. Um ihre Eier abzulegen, kehrten sie aber ins Wasser zurück, und ihre Jungen entwickelten sich im Wasser.

Die Trilobiten in den Meeren starben aus, als sich das Klima veränderte.

Riesen der Meere

Viele Millionen Jahre lang beherrschten die Reptilien die Erde. Die Dinosaurier lebten auf dem Festland und die riesigen Ichthyosaurier und Plesiosaurier jagten in den Ozeanen Fische und andere Beutetiere.

Massenaussterben

Ein extremer Klimawandel fand statt – vielleicht, weil Vulkane ausbrachen. Etwa 90 Prozent aller Tiere in den Meeren starben aus. Tiere, die sich an das Leben an Land angepasst hatten, wie die Reptilien, überlebten die Klimaveränderung besser.

375 Mio.

320 Mio.

250 Mio.

200 Mio.

120 Mio.

Tiktaalik hatte fleischige Flossen und sowohl Kiemen als auch Lungen.

Archelon wurde bis zu 4,6 m lang, etwa doppelt so lang wie die größte heute lebende Schildkröte, die Lederschildkröte.

100 Mio. · 66 Mio. · 60 Mio. · 50 Mio. · Heute

Meteoriteneinschlag

Als ein riesiger Meteorit auf der Erde einschlug, wurde unglaublich viel Staub in die Atmosphäre geschleudert. Auf der Erde wurde es dunkel und kalt. Die Dinosaurier, die Ichthyosaurier und viele andere Tiere starben aus.

Staub, der aufgewirbelt worden war, schirmte das Sonnenlicht ab. Viele Jahre lang war es kalt und dunkel.

Meeressäuger

Kleine Landsäugetiere überlebten den Einschlag des Meteoriten. Weil es keine großen Reptilien mehr gab, entwickelten sie sich weiter. Viele wurden größer und einige von ihnen passten sich an ein Leben im Wasser an. Sie entwickelten sich zu den Walen, Robben und Seekühen.

Einige Wale verloren ihre Zähne und bekamen Barten, mit denen sie Nahrung aus dem Wasser filterten.

Krokodile

Die Vorfahren der Krokodile waren Reptilien, die an Land lebten und aufrecht auf den Hinterbeinen liefen. Später kehrten die Krokodile ins Wasser zurück. Einige Verwandte der heutigen Krokodile lebten im Meer.

Plastik und andere Abfälle töten viele Meerestiere.

Der riesige Zahn eines *Megalodon* liegt unter dem Zahn eines Weißen Hais, der größten heute lebenden Haiart.

Die heutigen Krokodile und Alligatoren sind Nachkommen der Archosaurier. Zu dieser Reptiliengruppe gehören die Dinosaurier, die Vögel und die Flugsaurier.

Entwicklung der Haie

Haie überlebten das Massenaussterben. Als die großen Meeresreptilien verschwunden waren, wurden die Haie zu den größten Räubern in den Meeren. Einige, wie *Megalodon,* wurden wahrscheinlich 18 m lang.

Bedrohung der Meere

Heute rotten wir Menschen viele Meerestierarten aus. Gebäude an den Küsten zerstören ihre Lebensräume und wegen der Erderwärmung schmelzen Gletscher und Eisschilde in den Polarregionen. Der Meeresspiegel steigt und das Wasser wird saurer.

Qualle

Wie ein Geist im Meer sieht die Ohrenqualle mit ihrem durchsichtigen Körper aus. Sie ist eine der häufigsten Quallen und kommt auf der ganzen Erde in der Nähe der Küsten vor. Kurze Zeit lebt sie als frei schwimmende Meduse. Den größten Teil ihres Lebens sitzt sie am Meeresgrund fest.

Fortpflanzung

Schwärme von Ohrenquallen sammeln sich an der Küste, um sich fortzupflanzen. Die Männchen geben Spermien ins Wasser ab und die Weibchen befördern sie mit ihren Mundarmen in den Körper, wo sie die Eizellen befruchten.

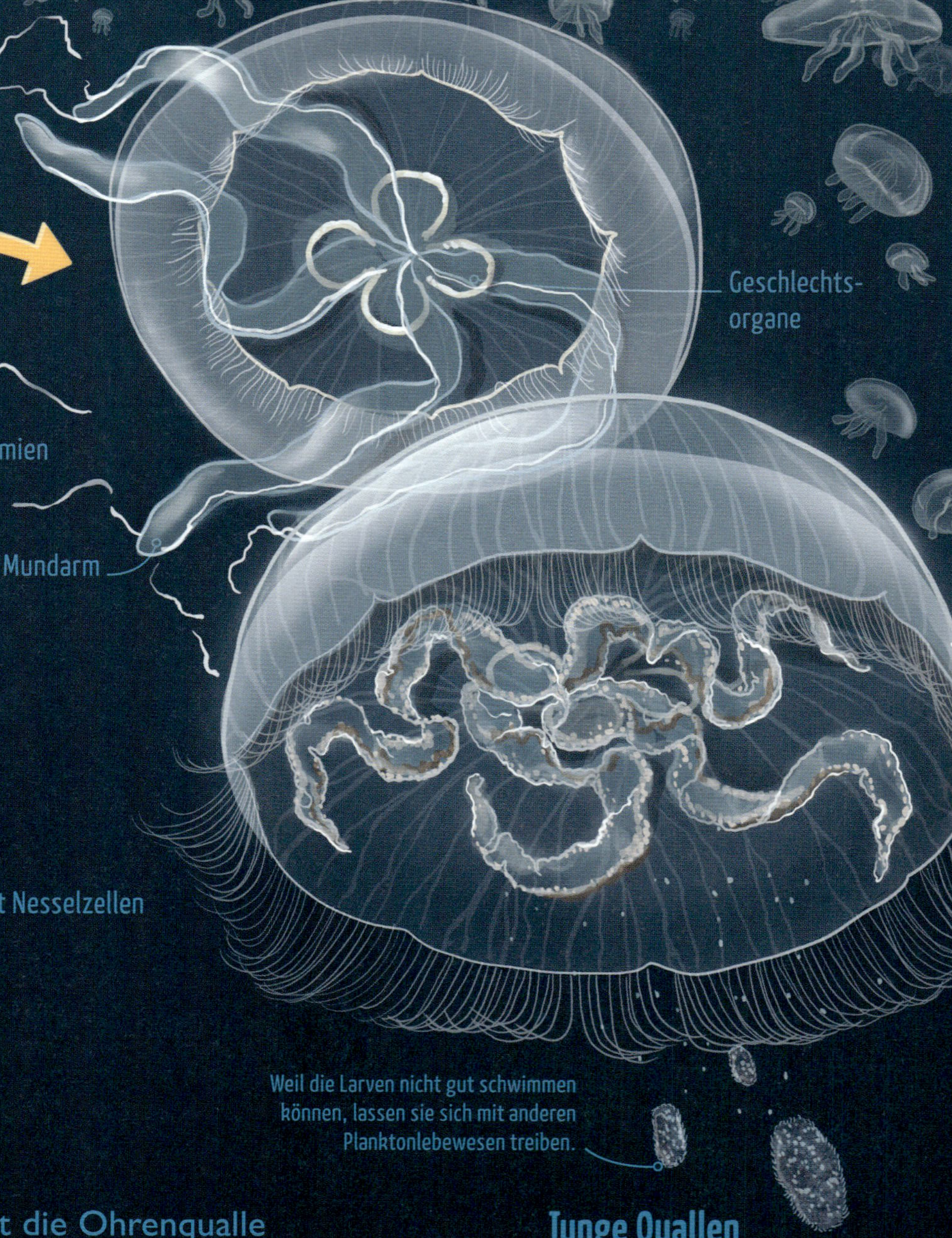

Meduse

Die Ohrenqualle nennt man in diesem Stadium auch Meduse. Sie lähmt ihre Beute mit den giftigen Tentakeln und zieht sie dann mit den Mundarmen zum Mund. Aus dem Mund gibt sie später auch die unverdauten Reste des Opfers wieder ab.

Junge Quallen

Das Weibchen hält die befruchteten Eizellen mit den Mundarmen fest. Wenn sich daraus Larven entwickelt haben, lässt sie sie frei. Die Larven schlagen mit kleinen Härchen, den Zilien, um sich fortzubewegen. Sie leben einige Zeit im Plankton.

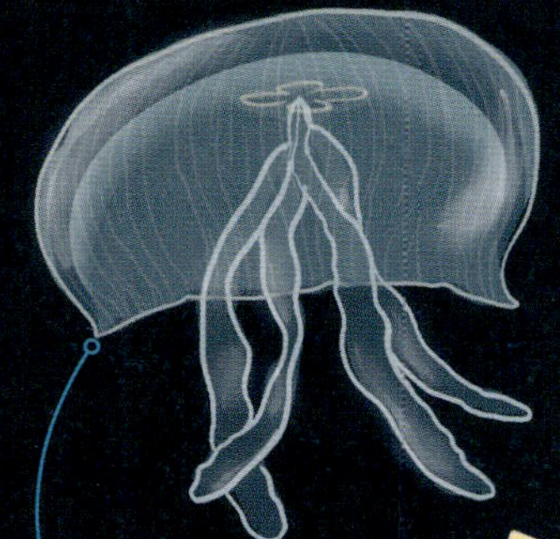

Die junge Qualle wächst und wird ihren Eltern immer ähnlicher.

Quallen werden abgeschnürt

Die oberen Segmente schnüren sich ab und schwimmen als kleine Quallen fort. Das geht so weiter, bis alle Segmente abgetrennt wurden. Der restliche Polyp bleibt am Meeresgrund und kann dort noch 20 Jahre lang leben.

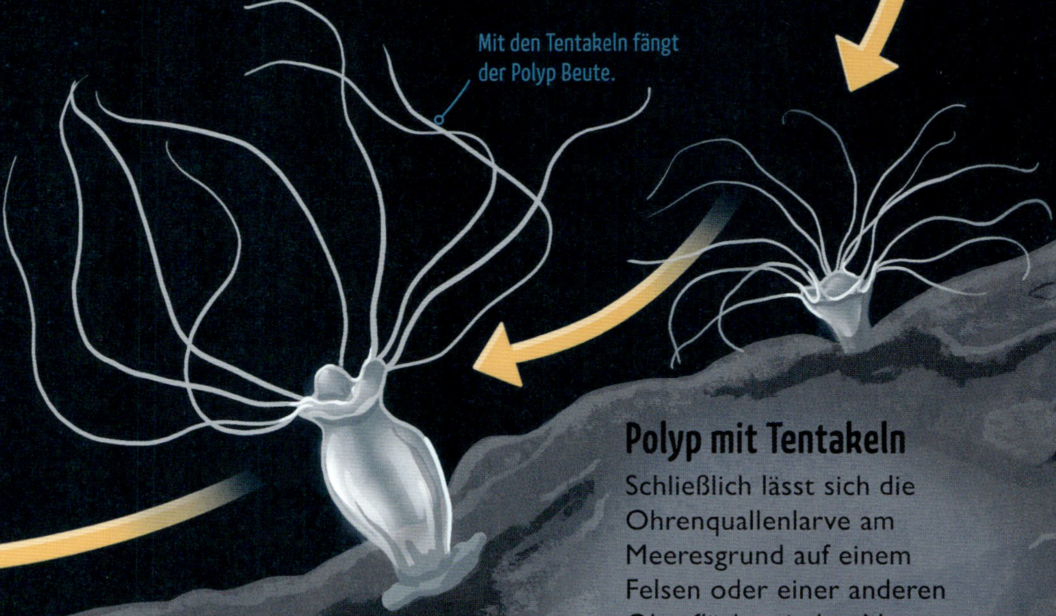

Mit den Tentakeln fängt der Polyp Beute.

Polyp mit Tentakeln

Schließlich lässt sich die Ohrenquallenlarve am Meeresgrund auf einem Felsen oder einer anderen Oberfläche nieder. Nun bezeichnet man sie als Polyp. Ihr Körper wird stielartig und Tentakel umgeben den Mund.

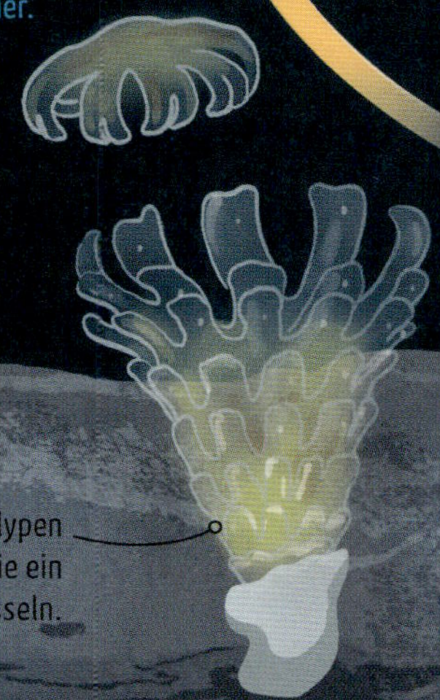

Der Körper des Polypen sieht jetzt aus wie ein Stapel aus Schüsseln.

Klone des Polypen

Bei guten Bedingungen pflanzt sich der Polyp ungeschlechtlich fort. Dazu macht er Klone (Kopien) von sich selbst. Er verliert die Tentakel und vom Körper schnüren sich Segmente ab, die zu Quallen heranwachsen

Mehr erfahren
Lies nach, wie Anemonenfische (S. 106–107) und Seesterne im Meer (S. 90–91) leben.

Unsterbliches Tier Eine Qualle lebt nur ein paar Monate lang. Manche Quallenarten bezeichnet man jedoch als unsterblich, denn sie können sich in einen Polypen zurückverwandeln, sodass ihr Lebenszyklus wieder aufs Neue beginnt.

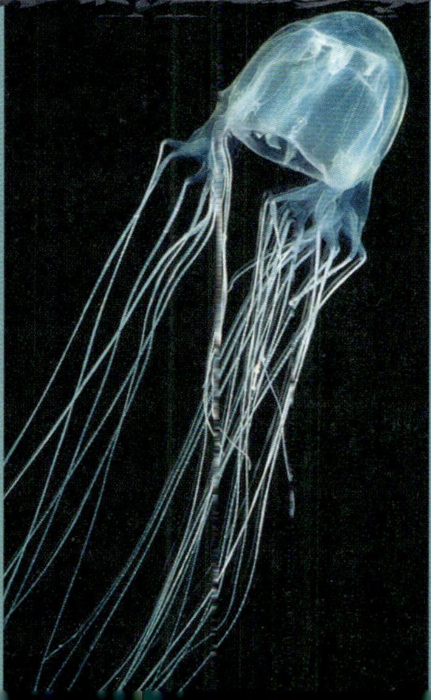

Tödliches Gift Das Gift in den Tentakeln der Ohrenqualle ist für Menschen nicht gefährlich, aber einige Quallen sind hochgiftig. Der Stich der Seewespe kann einen Erwachsenen in wenigen Minuten töten.

Portugiesische Galeere Mit ihren herabhängenden Tentakeln sieht die Portugiesische Galeere wie eine Qualle aus, aber sie ist eine ganze Kolonie aus zahlreichen Polypen.

Saugwurm

Parasiten leben im oder am Körper anderer Tierarten, die dann ihre Wirte sind. Saugwürmer gehören zu den Parasiten. Eine Art lebt zuerst in einer Süßwasserschnecke, dann in einer Kaulquappe und schließlich in einem Vogel. Der Parasit pflanzt sich während seines Lebens zweimal fort: zunächst geschlechtlich, indem er sich paart, und dann ungeschlechtlich, ohne sich zu paaren.

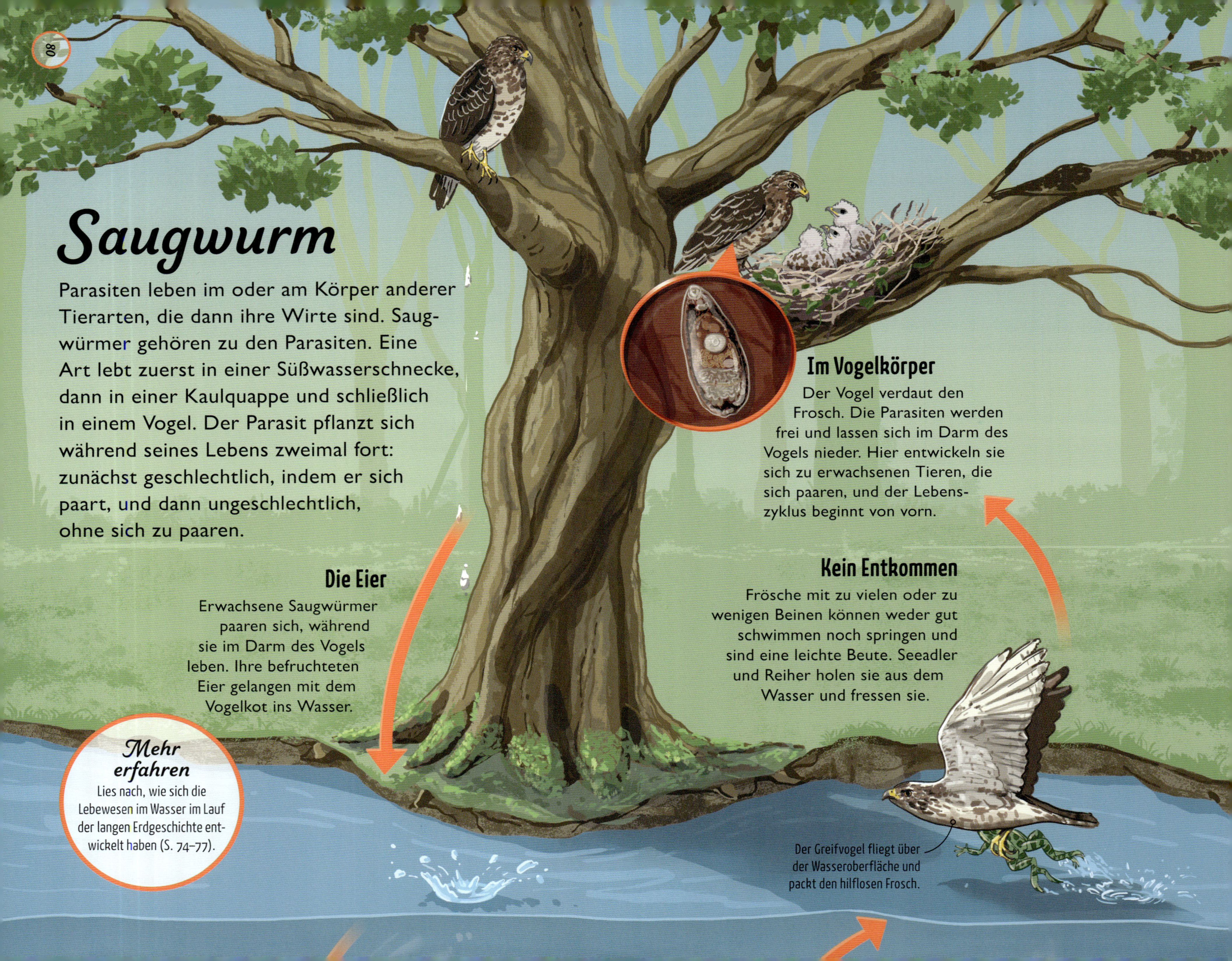

Im Vogelkörper

Der Vogel verdaut den Frosch. Die Parasiten werden frei und lassen sich im Darm des Vogels nieder. Hier entwickeln sie sich zu erwachsenen Tieren, die sich paaren, und der Lebenszyklus beginnt von vorn.

Die Eier

Erwachsene Saugwürmer paaren sich, während sie im Darm des Vogels leben. Ihre befruchteten Eier gelangen mit dem Vogelkot ins Wasser.

Kein Entkommen

Frösche mit zu vielen oder zu wenigen Beinen können weder gut schwimmen noch springen und sind eine leichte Beute. Seeadler und Reiher holen sie aus dem Wasser und fressen sie.

Der Greifvogel fliegt über der Wasseroberfläche und packt den hilflosen Frosch.

Mehr erfahren
Lies nach, wie sich die Lebewesen im Wasser im Lauf der langen Erdgeschichte entwickelt haben (S. 74–77).

Der erste Wirt

Aus den Eiern schlüpfen Larven. Jede Larve sucht sich einen Wirt, in diesem Fall eine Wasserschnecke. Die Larve dringt durch die Haut in den Körper der Schnecke ein.

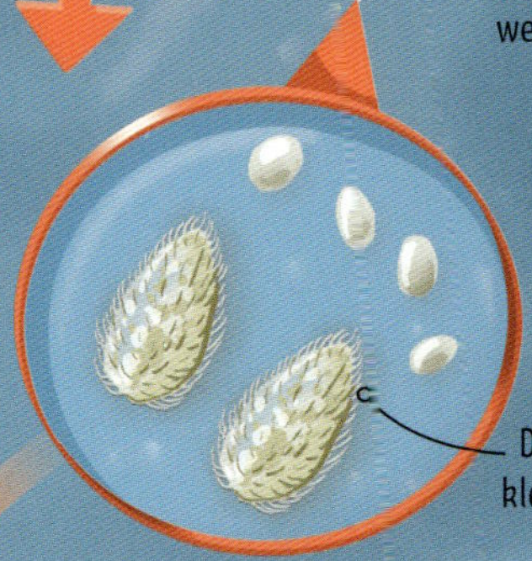

Im Schneckenkörper

Die Larve nimmt nun eine wurmartige Form an. Sie vermehrt sich ungeschlechtlich. Das bedeutet, dass ihre Eier nicht befruchtet werden müssen. So kann sie Hunderte oder Tausende Nachkommen haben.

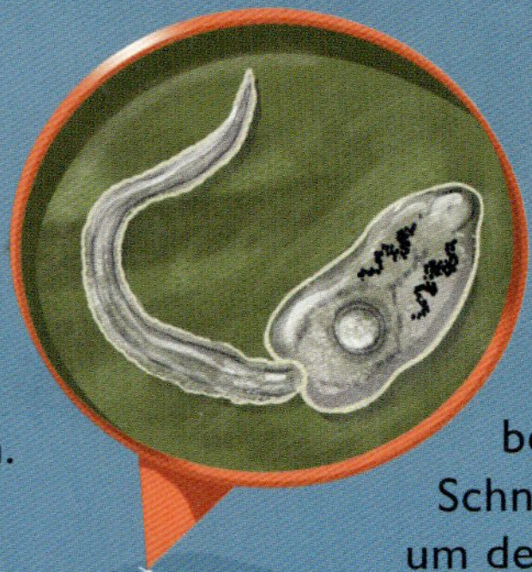

Der zweite Wirt

Einige der Larven bleiben in der Schnecke und bekommen selbst Larven. Andere, die Schwänze besitzen, verlassen die Schnecke und schwimmen fort, um den nächsten Wirt zu suchen: diesmal eine Kaulquappe.

Im Kaulquappenkörper

Die Parasiten bahnen sich ihren Weg zu den Knospen, die zu den Beinen der Kaulquappe werden. Hier umgeben sie sich mit robusten Zysten (Kapseln).

Aktive Zysten

Wenn die Kaulquappe sich in einen Frosch verwandelt, greifen die Zysten in das Wachstum der Beine des jungen Froschs ein. Der Frosch bekommt entweder weniger oder zusätzliche Beine, die in einem seltsamen Winkel abstehen.

Ruderfußkrebs Dieses parasitische Krebstier heftet sich an das Auge eines Grönlandhais. Es frisst das Gewebe des Auges, sodass der Hai fast nichts mehr sehen kann. Zum Glück verlässt er sich ohnehin eher auf seinen Geruchssinn und kann noch immer Beute fangen.

Falsche Zunge Die parasitische Assel frisst die Zunge eines Fischs. Dann setzt sie sich selbst an den Stummel der Zunge und lebt im Fischmaul. Sie ernährt sich vom Blut und Schleim des Fischs.

Strandschnecke

Diese kleine Schnecke sieht man an der Küste oft an Felsen und in Gezeitentümpeln sitzen, wo sie Algen abweidet. Ihr Leben ist an den Rhythmus der Gezeiten angepasst. Sie beginnt ihr Leben im Plankton.

Paarung im Wasser

Im Frühjahr paaren sich die Schnecken nachts unter Wasser. Das geschieht vor allem bei einer Springtide, die bei Vollmond und Neumond stattfindet. Der Wasserspiegel steigt bei solchen Fluten besonders stark an.

Eikapseln

Eine Stunde später ist der Wasserstand immer noch hoch. Nun gibt das Weibchen Kapseln mit befruchteten Eiern ab. Sie speichert außerdem Spermien in ihrem Körper und gibt bei den nächsten Springtiden jeweils wieder befruchtete Eier ab.

Die Larven schlüpfen

Die Eikapsel treibt im Plankton. Sie schwillt an und platzt nach einigen Tagen auf. Winzige Larven schlüpfen.

Junge Schnecken Manche Schneckenarten legen keine Eier, sondern bringen weit entwickelte Junge zur Welt, die sich in einer speziellen Tasche im Körper entwickelt haben. Wenn sie schlüpfen, sind sie keine Larven mehr, sondern schon kleine Schnecken.

Harte Zähnchen Napfschnecken wie die Große Strandschnecke haben eine Raspelzunge, mit der sie Algen abweiden. Die Zähnchen bestehen aus dem härtesten Material, das es in der Tierwelt gibt. Sie hinterlassen seltsame, abgeschabte Spuren.

Erwachsene Schnecken

Im Winter sind die Schnecken ausgewachsen und im Frühling werden sie sich fortpflanzen. Wenn sie nicht von hungrigen Vögeln, Krabben oder Fischen gefressen werden, können sie fünf bis zehn Jahre alt werden.

Das harte Haus schützt die Schnecke, aber die Strandkrabbe kann es mit ihren Scheren knacken.

Am Felsen

Nach einigen Wochen werden die Larven von den Wellen an den Strand und auf die Felsen gespült. Es überleben nur diejenigen Larven, denen es gelingt, sich mit ihrem muskulösen Fuß festzuheften.

Wenn die Schnecken bei Ebbe trockenliegen, heften sie sich mit dem Haus dicht an den Felsen.

Mehr erfahren

Die Gezeiten beeinflussen das Leben dieser Schnecke. Lies nach, was die Gezeiten verursacht (S. 48–49).

Larven, die in Felsspalten gespült werden, haben die besten Chancen, sich festzuheften.

Leben mit den Gezeiten

Die Schnecken sind jetzt kräftig genug, den Wellen standzuhalten, und verlassen die schützenden Felsspalten. Sie atmen mit Kiemen, wenn sie bei Flut umherkriechen und Algen fressen.

Die Schnecken schaben mit ihren Raspelzungen Nahrung von den Felsen.

Bei Ebbe Die Pferdeaktinie (links) lebt ebenfalls an der Küste auf Felsen. Damit ihr Körper bei Ebbe nicht austrocknet, zieht sie ihre Tentakel ein. Dann sieht sie aus wie ein kleiner roter Wackelpudding (rechts).

Eierlegende Zahnkarpfen Die tropischen Fische leben in Teichen, die sich in der Regenzeit nur für kurze Zeit bilden. Sie wachsen schnell und legen Eier ab. In der Trockenzeit sterben sie, aber ihre Eier überdauern im trockenen Schlamm. Die jungen Fische schlüpfen, wenn es wieder regnet.

Salzwasserkrebse Diese Krebstiere können in Salzseen leben, deren Wasser mehr als zehnmal so salzhaltig ist wie Meerwasser. Wenn es sogar den Salinenkrebschen zu salzig wird, legen die Weibchen Eier in robusten Zysten. Sie überdauern, bis Regen das Salzwasser verdünnt.

Bärtierchen Diese winzigen Tiere überleben es, wenn ihr Körper austrocknet. Sie schrumpfen zu Tönnchen zusammen und treten in ein Ruhestadium ein. Dabei verlieren sie bis zu 97 Prozent des Wassers im Körper.

Im Frühling

Bei Regen füllen sich Teiche mit Wasser und Pfützen bilden sich. Die Tage werden länger und wärmer. Das bewirkt, dass Larven aus den Dauereiern schlüpfen, die im trockenen Schlamm verborgen waren.

Wasserfloh

Wenn sich im Frühling Pfützen bilden, wimmelt es darin oft kurze Zeit später von Wasserflöhen. Die Weibchen müssen kein Männchen zur Paarung finden, denn sie können sich ungeschlechtlich sehr schnell vermehren. Später, wenn die Männchen erscheinen, paaren sich die Wasserflöhe und bekommen noch einmal Nachwuchs.

Wachstum und Häutung

Alle Flöhe, die jetzt schlüpfen, sind Weibchen. Ein junger Wasserfloh häutet sich sechs Mal. Wenn er sein hartes Außenskelett abstreift, wird er jedes Mal ein wenig größer. In weniger als zwei Wochen ist er völlig ausgewachsen.

Ungeschlechtliche Vermehrung

Wenn es wärmer wird, vermehren sich die Algen, die die Hauptnahrung der Wasserflöhe sind. Die Weibchen bilden Eier, ohne sich zu paaren. Die Eier entwickeln sich in einer Bruttasche am Körper.

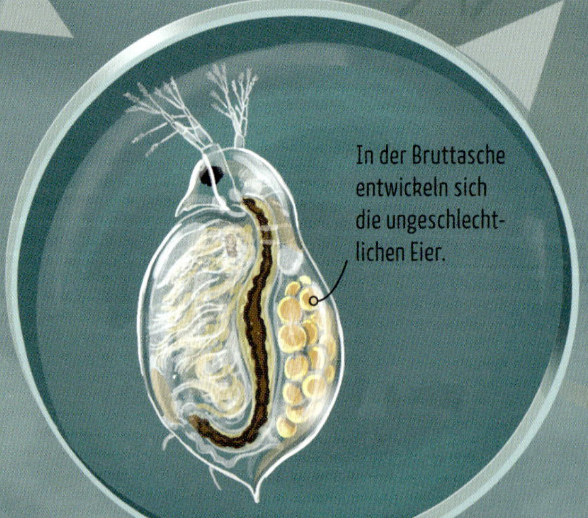

Im Winter

Die Eikapseln bleiben im Schlamm zurück, wenn das Gewässer austrocknet. Das Weibchen stirbt, aber die Dauereier überleben den Winter im hart gewordenen Schlamm. Im nächsten Frühjahr wird die nächste Wasserflohgeneration schlüpfen.

Dauereier

Die befruchteten Eier nennt man Dauereier. Eine harte Eikapsel bildet sich in der Bruttasche des Weibchens. Bei der nächsten Häutung wird sie ins Wasser abgegeben.

Mehr erfahren

Finde heraus, was der Wasserreservoirfrosch in Australien macht, wenn sein Lebensraum austrocknet (S. 116–117).

Paarung im Herbst

Wenn es Herbst wird, trocknen die Tümpel und Pfützen aus. Die Nahrung ist jetzt knapp und es wird kälter. Die Weibchen paaren sich mit Männchen und legen nun befruchtete Eier.

Im Sommer

Aus den Eiern schlüpfen bereits nach einem Tag Larven. Sie bleiben zwei oder drei Tage in der Tasche und werden dann ins Wasser abgegeben. Wie die Larven, die im Frühling geschlüpft sind, sind es lauter Weibchen, aber einige von ihnen verwandeln sich später in Männchen.

Riesenkrabbe

Kein anderes Krebstier hat so lange Beine wie die Japanische Riesenkrabbe. Ihr Körper kann bis zu 4 Meter Durchmesser haben. Die Krabbe lebt im Meer um Japan in ungefähr 200 Metern Tiefe.

Die Eier

Nachdem die Eier befruchtet wurden, hält das Weibchen sie etwa zehn Tage lang unter dem Körper fest, bis die Larven schlüpfen. Sie fächelt mit den hinteren Beinen ständig Wasser über die Eier. Nach dem Schlüpfen müssen die Larven für sich selbst sorgen.

Die Larven

Aus den Eiern schlüpfen kleine Larven, die Zoealarven genannt werden. Sie sehen nicht aus wie die erwachsenen Krabben und treiben mit dem Plankton im Meer. Viele von ihnen werden gefressen.

Mehr erfahren

Lies noch mehr Spannendes über Tiere im Wasser (S. 70–71).

Eine größere Larve

Die Zoealarven, die überlebt haben, entwickeln sich zu größeren Larven, die man Megalopalarven nennt.

Die Paarung

Das Männchen befördert mit den Scheren Sperma in den Körper des Weibchens. Bis zu 1,5 Mio. Eier werden befruchtet, aber nur wenige der jungen Krabben überleben.

Wanderung

Im Frühjahr, wenn sie bereit zur Paarung sind, wandern die Riesenkrabben vom tiefen Wasser in seichtere Meere.

Die winzigen Krabben fressen Aas und weiden Algen ab. Nur größere Krabben sind so stark, dass sie hartschalige Weichtiere und andere Meerestiere erbeuten können.

Junge Krabbe

Schließlich sehen die Larven den erwachsenen Krabben ähnlicher. Sie wachsen in mehreren Stadien. Jedes Mal, wenn die Krabbe zu groß für ihren Panzer geworden ist, windet sie sich heraus. Dann muss sie warten, bis ihr neues Außenskelett ausgehärtet ist. Dies ist eine gefährliche Zeit, denn ohne den harten Panzer ist die Krabbe für Räuber leichte Beute.

Erwachsene Krabbe

Die Beine der Krabbe wachsen während des ganzen Lebens. Sie wird mehr als 50 Jahre alt. Einige Forscher glauben sogar, dass sie bis zu 100 Jahre alt werden kann.

Große Krabben Da das Wasser den schweren Körper stützt, können die Krabben im Meer viel größer werden, als wenn sie an Land leben würden. Die Tasmanische Riesenkrabbe kann 17 kg schwer werden.

Schwimmende Larven Die meisten Krabben entwickeln sich aus Larven, die im Wasser treiben. Deshalb müssen auch Landkrabben wie die Weihnachtsinsel-Krabben, die Luft atmen, ihre Eier im Wasser ablegen.

Dekorateurkrabbe Diese Krabben sammeln alles ein, was sie finden können, um sich zu tarnen, wie Tange, Korallen und Schwämme. In dieser Verkleidung sind sie für Fressfeinde nicht so leicht zu erkennen.

Eintagsfliege

Im Sommer schwärmen über Bächen, Flüssen und Seen in Nordamerika große Eintagsfliegen. Diese Insekten verbringen fast ihr gesamtes Leben im Wasser. Als erwachsene Tiere erscheinen sie kurz an Land und sterben bald. Die Mundwerkzeuge der Eintagsfliegen funktionieren nicht mehr, sodass sie nichts fressen können. Sie leben nur wenige Minuten oder Tage lang, je nach Art. In dieser Zeit müssen sie einen Partner finden.

Paarungstänze

Die Männchen schwärmen über dem Wasser. Sie tanzen in der Luft und bewegen sich dabei auf und ab, um Weibchen anzulocken. Die größeren Weibchen fliegen in den Schwarm und paaren sich im Flug mit den Männchen.

Nachdem sie sich gepaart und Eier abgelegt haben, sterben die Eintagsfliegen und treiben auf dem Wasser.

Eiablage

Nach der Paarung legt das Weibchen bis zu 8000 befruchtete Eier ins Wasser. Sie sinken zum Grund oder heften sich an Steine und Wasserpflanzen.

Larven schlüpfen

Aus den Eiern schlüpfen Eintagsfliegenlarven. Sie leben in einem u-förmigen Bau im Schlamm. Dort atmen sie mit Kiemen und fressen Algen und verrottende Pflanzenteile.

Mehr erfahren

Auch der Grünliche Wassermolch (S. 114–115) verbringt einen Teil seines Lebens im Wasser und den anderen an Land.

Die Larve verbringt die meiste Zeit in ihrem Bau, aber manchmal kommt sie nachts heraus.

Die Larve ähnelt der erwachsenen Eintagsfliege, aber sie hat keine Flügel. Sie müssen sich erst in kleinen Taschen am Rücken entwickeln.

Das letzte Stadium

Die Eintagsfliege hebt ab und lässt sich später auf einer Pflanze am Wasser nieder. Noch ist sie nicht bereit zur Paarung. Am nächsten Tag häutet sie sich erneut. Nun beginnt ihr letztes Lebensstadium.

An Land

Nachdem sie ein bis zwei Jahre im Wasser gelebt hat, kommt die Larve an Land und ihr Außenskelett bricht auf. Ein Insekt mit Flügeln schlüpft. Es ruht am Ufer, bis die Flügel getrocknet sind.

Die Larve wächst

Die Eintagsfliegenlarve hat ein robustes Außenskelett. Um wachsen zu können, muss sie sich bis zu 30-mal häuten.

Riesige Schwärme Manchmal fliegen Millionen Eintagsfliegen in Städte und Dörfer, denn sie werden vom Licht angelockt. Sie lassen sich überall nieder, sodass sie sogar den Verkehr behindern.

Gelbrandkäfer Diese Insekten leben auch als erwachsene Tiere im Wasser. Wenn sie tauchen, atmen sie Luft, die sie unter den Flügeldecken mit sich transportieren. Sie können fliegen und besiedeln aus der Luft neue Teiche oder Bäche.

Meerwasserläufer Einige Insekten leben am Strand, aber das einzige echte Meeresinsekt ist dieser Wasserläufer. Er ist mit den Teichläufern verwandt, aber er läuft über die Meeresoberfläche und ernährt sich von Algen.

Seestern

Der Dornenkronenseestern ist mit Stacheln besetzt, die die meisten Räuber abschrecken. Er ernährt sich an tropischen Korallenriffen von weichen Polypen und lässt nur ihre Kalkskelette zurück. Wie alle Seesterne und auch die Seeigel und Seegurken gehört er zur Tiergruppe der Stachelhäuter.

Laichen

Während der Sommermonate gibt das Weibchen unzählige Eier ins Wasser ab. Zur gleichen Zeit setzt das Männchen Spermien frei, die zu den Eiern schwimmen und sie befruchten.

Schwimmende Eier

Die befruchteten Eier treiben mit dem Plankton. Bald schlüpfen die Larven.

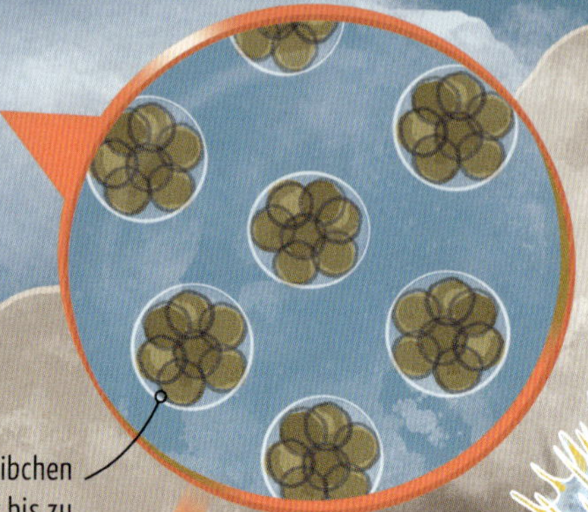

Ein großes Weibchen gibt jedes Jahr bis zu 60 Mio. Eier ab.

Kleine Larven

Die Larven ernähren sich von winzigen Algen, dem Phytoplankton. Sie sind schlechte Schwimmer und treiben meistens mit den Strömungen. Schließlich lassen sie sich am Grund nieder.

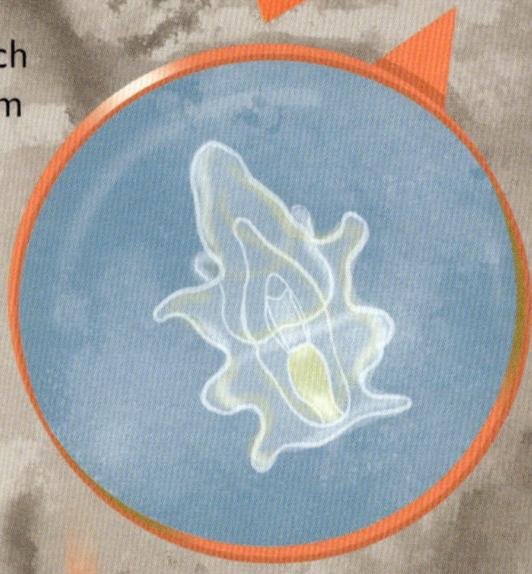

Algen als Nahrung

Während der ersten sechs Monate weiden die jungen Seesterne nachts Algen ab, die an Korallenriffen wachsen. Sie bewegen sich auf den vielen Saugfüßchen vorwärts, die sich an der Unterseite der Arme befinden.

Festsetzen

Die Larve setzt sich mit ihrem stielartigen Vorderende auf einer harten Oberfläche fest, z. B. auf einem Felsen oder einer Koralle. Der Stiel bricht ab und der junge Seestern ist frei.

Zunächst hat der Seestern nur fünf kurze Arme, aber bald wachsen ihm mehr.

Erwachsener Seestern

Nach zwei Jahren ist der Seestern viel größer und kann sich fortpflanzen. Aber er wird noch weitere zwei Jahre lang wachsen. Am Riff legt er bei der Nahrungssuche weite Strecken zurück.

Mehr erfahren

Auch Molche können Körperteile regenerieren: Verlieren sie ein Bein, wächst ein neues nach (S. 114–115).

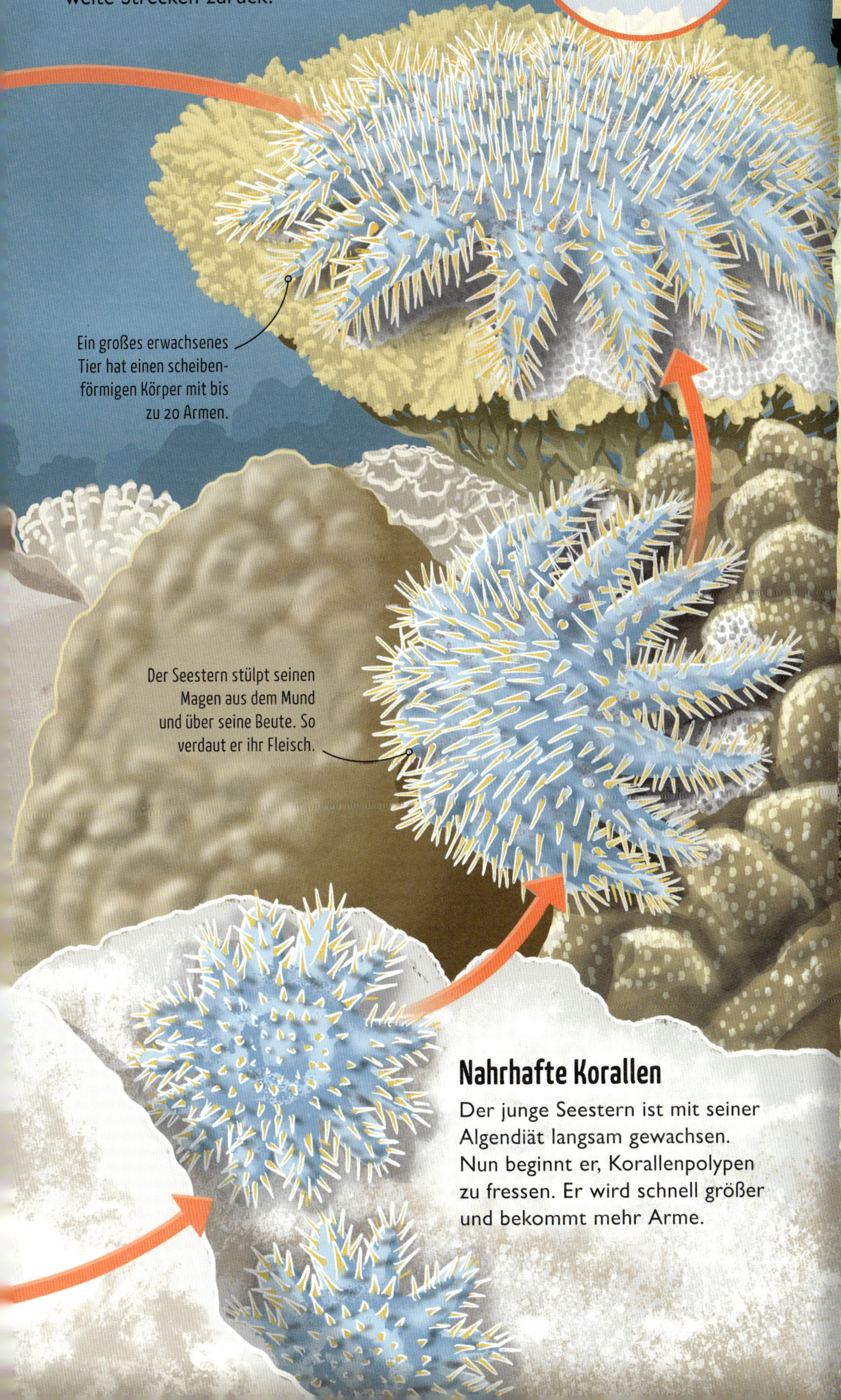

Nahrhafte Korallen

Der junge Seestern ist mit seiner Algendiät langsam gewachsen. Nun beginnt er, Korallenpolypen zu fressen. Er wird schnell größer und bekommt mehr Arme.

Seegurke Eine Seegurke hat eine weichere Haut als andere Stachelhäuter. Sie bewegt sich auf ihren Saugfüßchen über den Meeresgrund und sucht nach Leckerbissen.

Regeneration Bei vielen Seesternen wächst ein neuer Arm nach, wenn einer abgebissen wird. Bei einigen Arten kann sich sogar aus einem einzigen abgetrennten Arm wieder ein vollständiger Seestern entwickeln. Im Bild unten erkennt man das gut.

Feind Nicht viele Räuber können dem Dornenkronenseestern etwas anhaben, aber das Tritonshorn schafft es. Die Schnecke spritzt ihm ein lähmendes Gift ein, raspelt die Stacheln ab und frisst den Körper.

Manati

Der Karibik-Manati ist so groß, dass er selten Ärger mit Krokodilen oder Haien bekommt. Außer Menschen hat er keine Feinde. Das Säugetier ist im Salzwasser an Meeresküsten und auch im Süßwasser von Flüssen zu Hause. Es schwimmt langsam und läuft auf seinen Flossen über den Grund, wenn es Wasserpflanzen abweidet.

Erwachsener Manati

Nach ungefähr zwei Jahren verlassen junge Manatis ihre Mutter und werden selbstständig. Nach einigen Jahren sind sie mehr als 3 m lang. Nun können sie selbst Junge bekommen.

Balz

Wenn ein Weibchen fortpflanzungsbereit ist, verströmt es einen Duft, der Männchen anlockt. Meistens folgen dem Weibchen dann gleich mehrere Männchen und schubsen und drängeln sich gegenseitig weg.

Paarung und Geburt

Das Weibchen wählt einen Partner aus. Nach ungefähr einem Jahr sucht es sich einen abgelegenen Ort, an dem es sein Junges zur Welt bringt.

Ein Kalb kommt zur Welt

Ein dunkles, etwa 1,2 m langes Kalb wird geboren. Die Mutter hilft ihm zur Wasseroberfläche, wo es seinen ersten Atemzug macht. Innerhalb weniger Stunden kann es schwimmen.

Gabelschwanzseekuh Diese nahen Verwandten der Manatis sind auch Pflanzenfresser und lieben Seegras. Sie leben in den seichten Küstengewässern des Roten Meeres, des Indischen Ozeans und des Pazifiks.

Wiesen unter Wasser Seegräser gehören zu den wenigen Blütenpflanzen, die im Meer wachsen. Seegraswiesen wie diese in Belize bieten Meeressäugern Nahrung. Junge Fische und andere Tiere verbergen sich in ihnen.

Manatis suchen sieben Stunden täglich Futter und können dabei 100 Kilogramm Pflanzen fressen.

Pflanzennahrung

Manatis schließen die Nasenlöcher, wenn sie nach Wasserpflanzen tauchen. Sie streifen mit der Oberlippe Blätter ab und wühlen im Sand oder Schlamm nach Trieben und Wurzeln.

Mehr erfahren

Lerne ein weiteres Säugetier im Meer kennen, den Nördlichen See-Elefanten (S. 96–97).

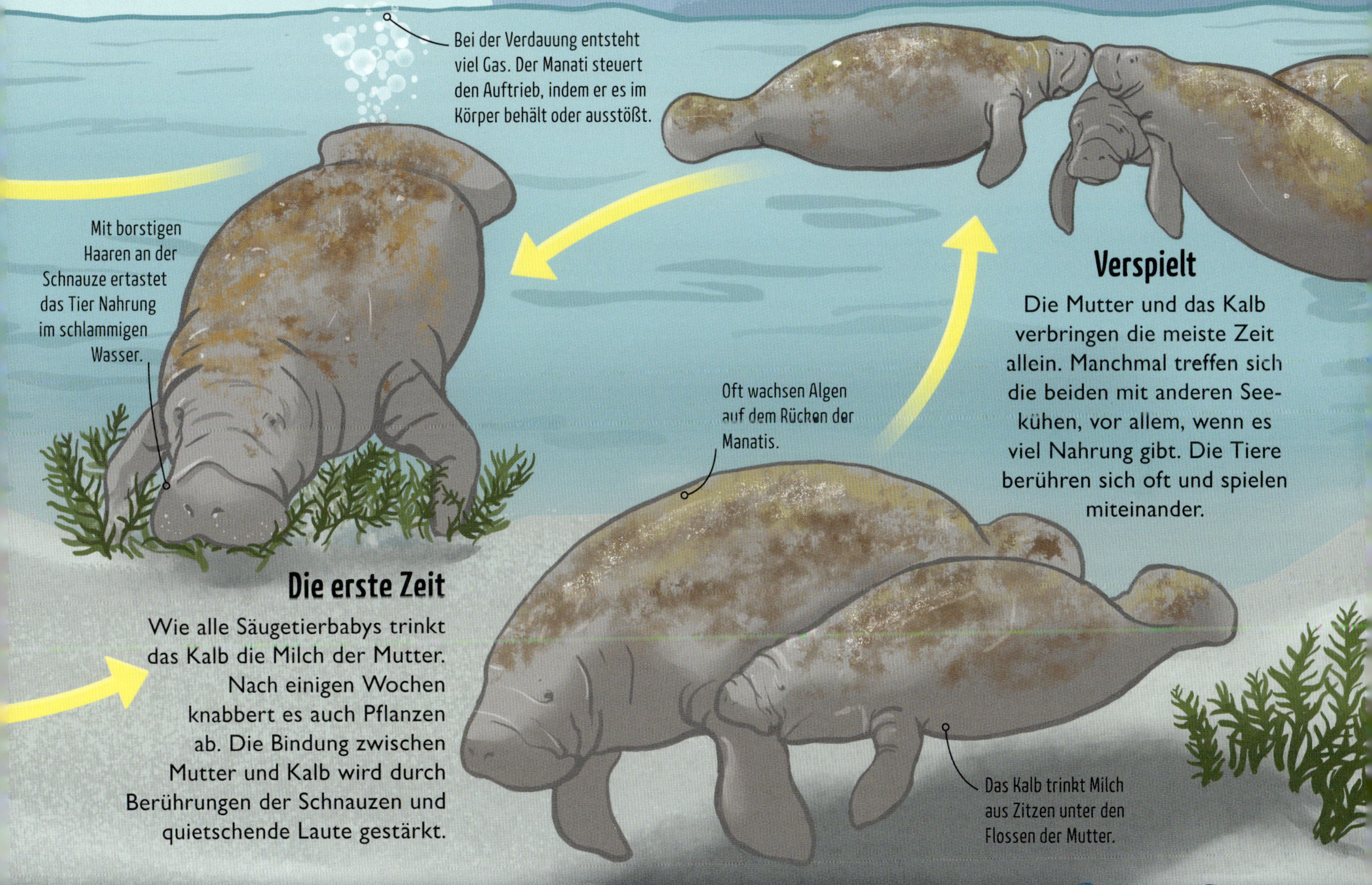

Verspielt

Die Mutter und das Kalb verbringen die meiste Zeit allein. Manchmal treffen sich die beiden mit anderen Seekühen, vor allem, wenn es viel Nahrung gibt. Die Tiere berühren sich oft und spielen miteinander.

Die erste Zeit

Wie alle Säugetierbabys trinkt das Kalb die Milch der Mutter. Nach einigen Wochen knabbert es auch Pflanzen ab. Die Bindung zwischen Mutter und Kalb wird durch Berührungen der Schnauzen und quietschende Laute gestärkt.

Meeresreptilien Grüne Meeresschildkröten wie dieses Tier vor der ägyptischen Küste besuchen regelmäßig Seegraswiesen. Erwachsene Schildkröten schneiden mit ihren Hornschnäbeln Seegräser und Algen ab. Junge Tiere fressen Würmer, Quallen und Krabben.

Schwertwal

Schwertwale, die auch oft Orcas genannt werden, gehören eigentlich nicht zu den Walen. Sie sind die größten Delfine und die mächtigsten Jäger in den Meeren. Man erkennt sie an ihrer schwarz-weißen Zeichnung. Ihre Gruppen sind kompliziert organisiert und in den verschiedenen Meeresregionen der Erde haben die Tiere Dialekte und unterschiedliche Kulturen entwickelt.

Soziale Meeressäuger

Schwertwale leben in Familiengruppen mit weniger als zehn Mitgliedern. Ein dominantes Weibchen ist die Anführerin. Bis zu drei solcher Gruppen schließen sich manchmal zu größeren Schulen zusammen und mehrere Schulen mit dem gleichen Dialekt bilden noch größere Clans.

Liebevolle Mütter

Nach 15 bis 18 Monaten bringt das Weibchen ein Kalb zur Welt. Sie säugt es mit Milch, bis es zwei Jahre alt ist. Schwertwale kümmern sich gut um ihre Jungen und oft helfen andere Weibchen in der Gruppe der Mutter.

Fortpflanzung

Die Mitglieder einer Schule schwimmen und jagen gemeinsam. Sie verständigen sich mit typischen Lauten. Zur Fortpflanzungszeit verlassen die Männchen ihre Gruppe und paaren sich mit Weibchen anderer Schulen.

Walross Walrosse kommen in der Arktis vor. Sie leben in großen Herden und liegen zu Hunderten auf dem Eis. Sie sind sehr soziale Tiere, die oft schnauben und bellen. Zur Paarungszeit kämpfen die Männchen heftig miteinander.

Mehr erfahren
Lies auch über andere Meerestiere nach, wie den Nördlichen See-Elefanten (S. 96–97) und den Sandtigerhai (S. 100–101).

Schwertwale schlagen mit der Schwanzflosse auf die Wasseroberfläche, um Botschaften zu übermitteln. Die Schallwellen breiten sich im Wasser sehr weit aus.

Einige Schwertwale warten im Wasser und packen die Robbe, wenn sie ins Wasser fällt.

Robbenjagd

Schwertwale, die in der Antarktis leben, erbeuten zusammen Robben, die sich auf Eisschollen ausruhen. Erst strecken sie die Köpfe aus dem Wasser und halten nach einem Opfer Ausschau. Dann schwimmen mehrere Tiere unter die Scholle. Dabei erzeugen sie eine hohe Welle, die die Robbe ins Meer spült.

Die Schwertwale im Meer vor Norwegen treiben Fische zu einem kugeligen Schwarm zusammen. Dann schlagen sie mit der Schwanzflosse auf die Kugel, um einige Fische zu betäuben.

Teamarbeit

Schwertwale gehören zu den intelligentesten Tieren. Sie lernen schnell und geben ihr Wissen an andere Mitglieder der Gruppe weiter. Die Familienmitglieder arbeiten zusammen und erfinden immer wieder neue Jagdmethoden.

Laute Gespräche

Schwertwale verständigen sich mit Pfeif- und Klicklauten und mit Schreien. Tiere aus demselben Clan haben einen typischen Dialekt. Die Delfine setzen Schall ein, um sich zu orientieren und ihre Beute zu orten.

Buckelwale

Auch diese Wale leben in Gruppen, die man Schulen nennt. Sie verständigen sich untereinander mit Gesängen über weite Strecken. Es klingt, als würden sie schreien und heulen. Die Kälber unterhalten sich flüsternd mit ihren Müttern.

Seeotter

An der Pazifikküste Nordamerikas leben diese Otter in Gruppen. Sie schwimmen auf dem Rücken, wenn sie schlafen, und verankern sich dabei an langen Tangen, die sie um den Körper wickeln. In dieser Position säugen die Weibchen auch ihre Jungen.

Kämpfende Bullen

Die erwachsenen Männchen kommen im Dezember an Land und kämpfen miteinander, um die Rangordnung festzulegen. Das kann stundenlang dauern und die Verlierer werden oft schwer verletzt. Die größten Bullen paaren sich später mit bis zu 150 Weibchen und sind die Väter der meisten Jungen.

Die Jungen

Die Weibchen waren elf Monate trächtig und kommen im Januar an Land. Einige Tage später werden die Jungen geboren und vier Wochen mit Milch gesäugt. Dann verlassen die Mütter sie und kehren ins Meer zurück.

Die Jungen bleiben etwa zwei Monate lang an Land. Nur nachts, wenn weniger Feinde unterwegs sind, üben sie das Schwimmen.

See-Elefant

Nördliche See-Elefanten verbringen die meiste Zeit ihres Lebens im Meer. Bei der Nahrungssuche tauchen sie tief hinab und können dabei den Atem sehr lange Zeit anhalten. Diese See-Elefanten kommen nur an Land, um ihr Fell zu wechseln und Junge zu bekommen. Manchmal schwimmen sie dann 5000 Kilometer weit bis zum Festland.

Im Herbst

Ende September, bevor die Paarungszeit beginnt, kommen junge See-Elefanten an den Stränden an. Sie paaren sich in diesem Jahr aber noch nicht.

Mehr erfahren

Auch andere Tiere wandern im Meer weite Strecken, z. B. die Europäischen Aale (S. 102–103).

Jedes Jahr schwimmen die See-Elefanten 20 000 Kilometer weit. Das schafft kein anderes Säugetier.

Nördliche See-Elefanten fressen vor allem Kalmare und Fische, aber auch Haie und Rochen.

Verschiedene Gebiete

Wenn die See-Elefanten die Strände in Kalifornien verlassen, machen sie sich auf den Weg in den Pazifischen Ozean. Die Männchen schwimmen etwa 5000 km nordwärts bis in den Golf von Alaska. Die Weibchen bleiben weiter südlich, aber dennoch auch im nördlichen Pazifik.

Die Männchen und Weibchen wechseln ihr Fell zu verschiedenen Zeiten im Jahr.

Fellwechsel

Nördliche See-Elefanten wechseln einmal im Jahr ihr Fell. Dafür kehren sie zwischen März und Juli für etwa zwei Wochen zurück an den Strand. Hier bleiben sie, bis das alte Fell in großen Flecken ausgefallen und ein neues gewachsen ist.

Zurück im Meer

Wenn sie das Fell gewechselt haben, machen sich die Tiere zu ihren Nahrungsgebieten im Pazifik auf. Im Ozean verbringen sie die meiste Zeit in großen Tiefen. Sie können den Atem eine Stunde lang anhalten und 1600 m tief tauchen.

Cuvier-Schnabelwal Diese Wale können tiefer und länger tauchen als alle anderen Säugetiere. Die Tauchgänge dauern mehr als eine Stunde und die Tiere tauchen bis in 2990 m Tiefe ab.

Seevögel Einige Vogelarten wie Albatrosse verbringen einen großen Teil des Lebens auf dem offenen Meer. Nur einmal im Jahr kommen sie zum Brüten an Land.

Buckelwal Auch Buckelwale wandern sehr weite Strecken. Den Sommer verbringen sie in warmen tropischen Meeren und den Winter in den Polargebieten, wo es viel Nahrung gibt. Dabei legen sie jedes Mal bis zu 8000 km zurück.

Silberalk

Nur wenige junge Seevögel verlassen ihre Nester so früh wie die Küken der Silberalken. Diese Vögel machen sich bereits auf, bevor sie ihre erste Mahlzeit verzehrt haben, und schwimmen im Meer, bevor sie fliegen können. Sie schlüpfen in Wäldern an den kühlen Küsten im Norden. Die Eltern ziehen ihre Küken auf dem Meer groß.

Das Nest

In einer Nacht im Frühling graben ein Männchen und ein Weibchen eine Höhle. Zuletzt legen sie die Nistkammer mit Gräsern, Zweigen und Blättern aus. Hier legt das Weibchen zwei Eier.

Brüten

Die Eltern wechseln sich mit dem Brüten ab. Jeder Vogel sitzt einige Tage lang auf dem Gelege, während der andere auf dem Meer Nahrung sucht. Dann tauschen sie die Rollen.

Mehr erfahren

Lies nach, wie Flughuhn-Väter Wasser für ihre Küken herbeitransportieren (S. 64–65).

Mutige Küken Wie die Silberalkenküken können auch die Küken der Tordalken nicht fliegen, wenn sie zum ersten Mal ins Meer springen. Sie stürzen sich von den Klippen herab, auf denen sie aus den Eiern geschlüpft sind, und landen auf dem Wasser.

Nesthocker Die Küken der Papageitaucher werden in ihren Bruthöhlen gefüttert, bis ihnen Flugfedern gewachsen sind. Wenn sie die Höhle dann verlassen, fliegen sie gleich auf das Meer hinaus. Hier leben sie ohne die Hilfe ihrer Eltern.

Winter auf dem Meer

Die Vögel verbringen den Winter auf dem Meer oder fliegen in wärmere Gegenden. Die Eltern kehren im nächsten Frühjahr in die Kolonie zurück und brüten wieder. Nach zwei Jahren werden auch die Küken zum ersten Mal Eltern.

Die ganze Familie

Die Küken und Eltern erkennen sich gegenseitig an ihren Rufen. Die Familie ist jetzt wieder vereint. Gemeinsam schwimmen sie aufs Meer hinaus und sind bei Sonnenaufgang schon weit vom Festland entfernt. Hier sind die Küken vor Feinden sicherer und werden von den Eltern gefüttert.

Die Eltern rufen

Die Küken schlüpfen einige Wochen später, aber die Eltern füttern sie nicht. Die kleinen Alken verlassen die Bruthöhle und schwimmen bald auf das Meer hinaus. Dabei folgen sie immer den Rufen ihrer Eltern.

Schnell ins Meer!

Die hungrigen Küken können nicht fliegen. Sie stolpern über Steine, Baumwurzeln und andere Hindernisse zum Strand. Dann schwimmen sie aufs Meer hinaus, um so schnell wie möglich bei den Eltern zu sein.

Zu Flossen umgebildete Flügel

Ebenso wie Silberalken setzen Pinguine beim Tauchen die Flügel ein. Sie sind hervorragende Taucher, aber ihre Flügel sind so kurz und steif, dass diese Vögel nicht fliegen können.

Hai

Der Sandtigerhai lebt im Atlantischen, Pazifischen und Indischen Ozean in der Nähe von Riffen. Tagsüber verbirgt er sich und nachts jagt er andere Fische. Er schluckt an der Meeresoberfläche Luft und nimmt sie in seinen Magen auf. Mit diesem Trick schwebt er im Wasser, während er nach Beute Ausschau hält.

Die Paarung findet meistens zwischen August und Oktober statt.

Paarung

Sandtigerhaie leben oft als Einzelgänger, aber zur Paarungszeit sammeln sie sich in kleinen Gruppen. Die Paarung findet in der Nähe des Strandes statt. Danach bleiben die Weibchen in der Gegend, während die Männchen fortschwimmen, um anderswo Nahrung zu suchen.

Kleine Kannibalen

Die Weibchen haben zwei Gebärmütter, in denen aus befruchteten Eiern junge Haie schlüpfen. Nach etwa fünf Monaten frisst das größte Junge in jeder Gebärmutter die kleineren auf. Nur zwei Junge bleiben übrig.

Wenn das kräftigste Junge in jeder Gebärmutter etwa 17 cm lang ist, frisst es seine Geschwister auf.

Weiße Haie erbeuten manchmal kleinere Sandtigerhaie.

Mehr erfahren
Informiere dich über den Tiefsee-Anglerfisch (S. 108–109), der auch ein räuberischer Fisch ist.

Große Junge

Nach einer Tragzeit von 8 bis 12 Monaten bringt das Weibchen die beiden Jungen zur Welt. Sie sind schon etwa 1 m lang. Weil sie so groß sind, haben sie bessere Überlebenschancen. Nur andere Haie wagen es, sie anzugreifen.

Eikapseln Viele Haiarten legen Eier, statt weit entwickelte Junge zur Welt zu bringen. Die Eier sind von robusten Kapseln umgeben. Bei Hornhaien sind sie spiralförmig und die Mütter klemmen sie in Felsspalten, wo sie geschützt sind.

Kleine Täschchen Einige Eikapseln sind rechteckig und haben gedrehte Fortsätze, die sich an Tange heften. Man nennt sie wegen ihres Aussehens auch „Meerjungfrauen-Taschen".

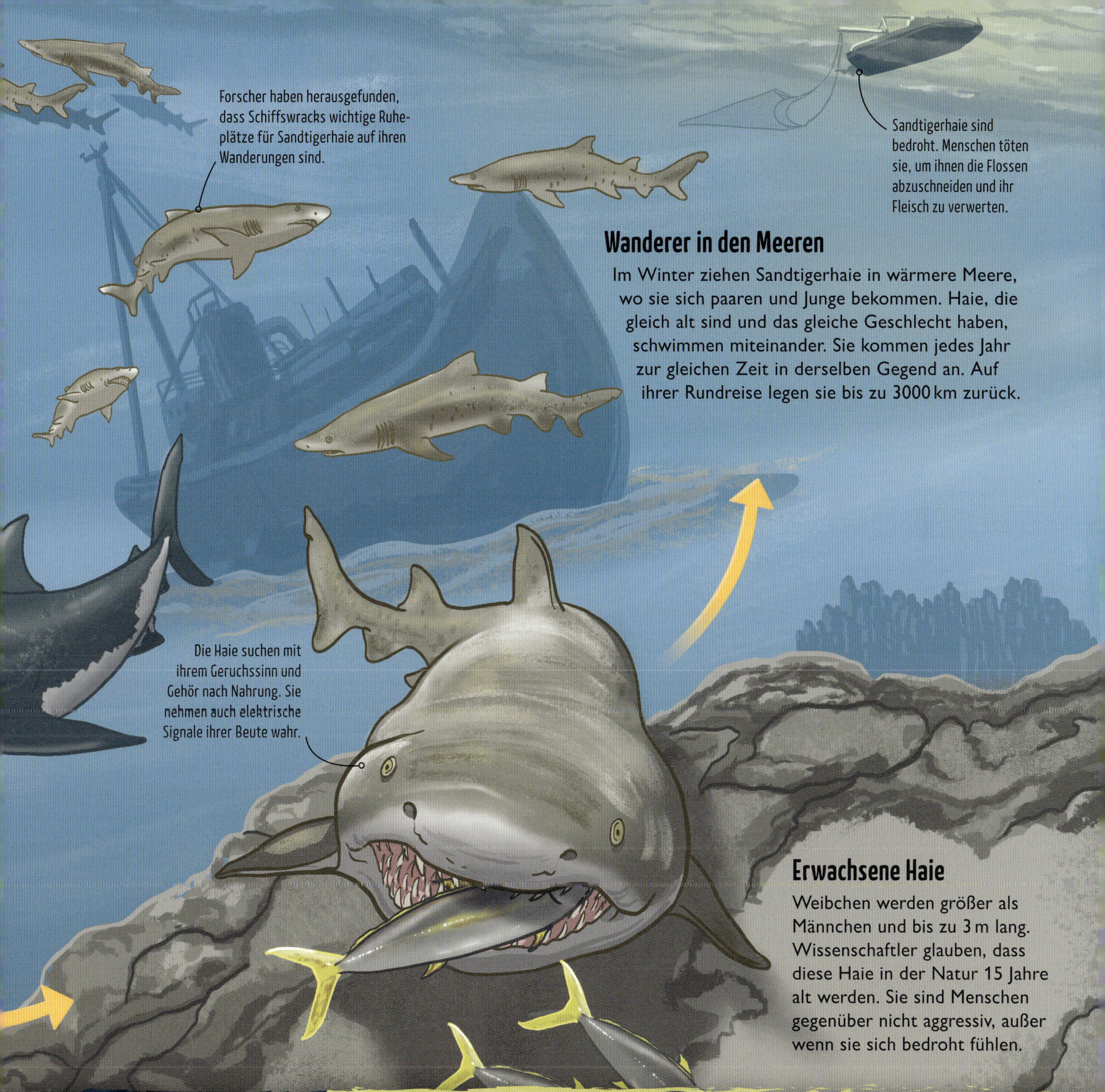

Wanderer in den Meeren

Im Winter ziehen Sandtigerhaie in wärmere Meere, wo sie sich paaren und Junge bekommen. Haie, die gleich alt sind und das gleiche Geschlecht haben, schwimmen miteinander. Sie kommen jedes Jahr zur gleichen Zeit in derselben Gegend an. Auf ihrer Rundreise legen sie bis zu 3000 km zurück.

Erwachsene Haie

Weibchen werden größer als Männchen und bis zu 3 m lang. Wissenschaftler glauben, dass diese Haie in der Natur 15 Jahre alt werden. Sie sind Menschen gegenüber nicht aggressiv, außer wenn sie sich bedroht fühlen.

Mondfisch Haie bringen immer nur wenige Junge gleichzeitig zur Welt. Andere Fische legen viele Eier, sodass wenigstens einige der Nachkommen überleben. Der Mondfisch hält den Rekord: Das Weibchen kann 300 Mio. Eier gleichzeitig legen.

Gestreifte Junge Junge Haie sehen manchmal ganz anders aus als die erwachsenen Fische. Zebrahaie kommen dunkelbraun mit gelblich-weißen Streifen zur Welt. Wenn sie heranwachsen, färben sie sich hellbraun und tragen dann kleine, dunkle Flecken.

Aal

Das Leben der Europäischen Aale beginnt in der Sargassosee im westlichen Atlantischen Ozean und es endet auch dort. Aber in der Zwischenzeit verbringen die Fische den größten Teil ihres Lebens Tausende Kilometer entfernt in Flüssen und Seen in Europa. Sie machen zwei große Wanderungen und verändern sich dabei stark.

Die Aale laichen im Meer

Im Frühling laichen die erwachsenen Aale im Meer. Sie entlassen Eier und Spermien ins Wasser und sterben dann. Die befruchteten Eier treiben zur Oberfläche.

Die Larven sehen aus wie durchsichtige Weidenblätter und haben kleine Köpfe.

Driftende Larven

Die Eier werden von den Strömungen forttransportiert und treiben ostwärts über den Atlantik. In dieser Zeit schlüpfen die Larven. Die Reise ist gefährlich, denn die Eier und Larven sind die Nahrung vieler Meerestiere.

Glasaale sind etwa 6 cm lang.

Das Ende der Reise

Nachdem sie Monate oder sogar Jahre lang im Meer gedriftet sind, erreichen die Larven Europa. Nun sind sie langgestreckt und man nennt sie Glasaale.

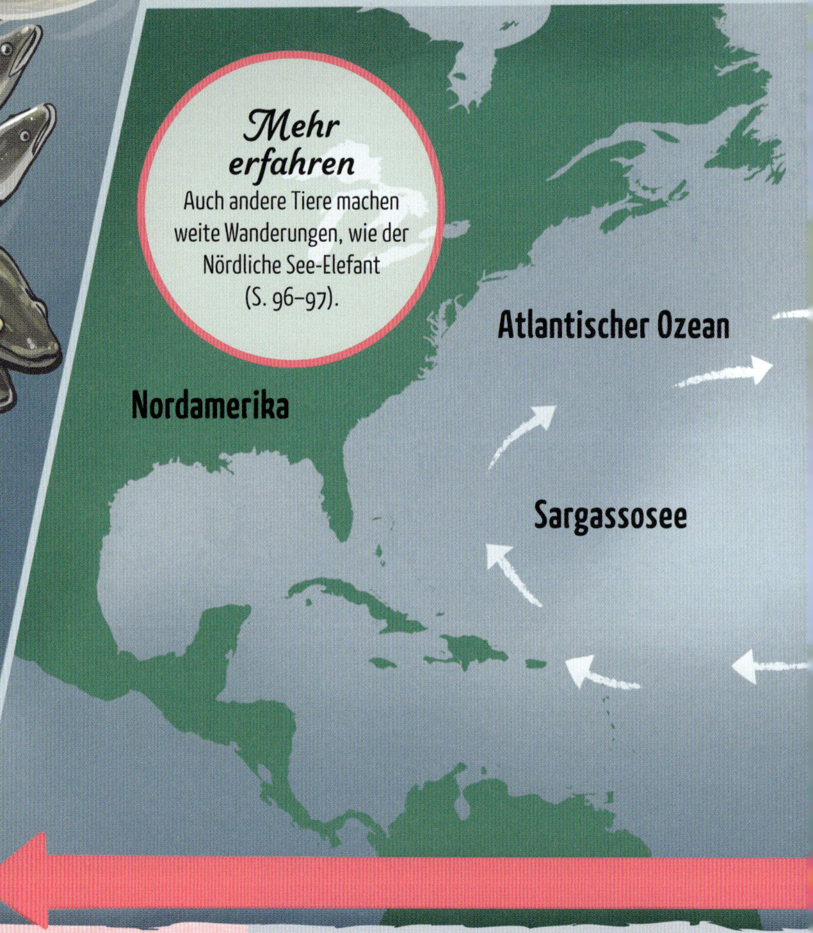

Mehr erfahren

Auch andere Tiere machen weite Wanderungen, wie der Nördliche See-Elefant (S. 96–97).

Zooplankton Die kleinen Meerestiere des Zooplanktons wandern jeden Tag. Nach Sonnenuntergang steigen sie zur Oberfläche auf und fressen im Schutz der Dunkelheit. Bei Sonnenaufgang ziehen sie sich in die Tiefen zurück, denn dort lauern weniger Feinde.

Flussaufwärts

Die jungen Aale schwimmen zu Flussmündungen und dann flussaufwärts. Dabei werden sie dunkler, sodass sie im trüben Wasser besser getarnt sind. Jetzt nennt man sie Steigaale.

Die Steigaale klettern Dämme und Wasserfälle empor.

Gelbaale

Die Aale färben sich gelblich und wachsen. Tagsüber verstecken sie sich in Erdlöchern oder Felsspalten und nachts jagen sie Fische, Weichtiere, Krebse und Insektenlarven. So leben sie bis zu 20 Jahre lang.

Fischotter, Reiher und andere Vögel sowie große Fische erbeuten die Gelbaale.

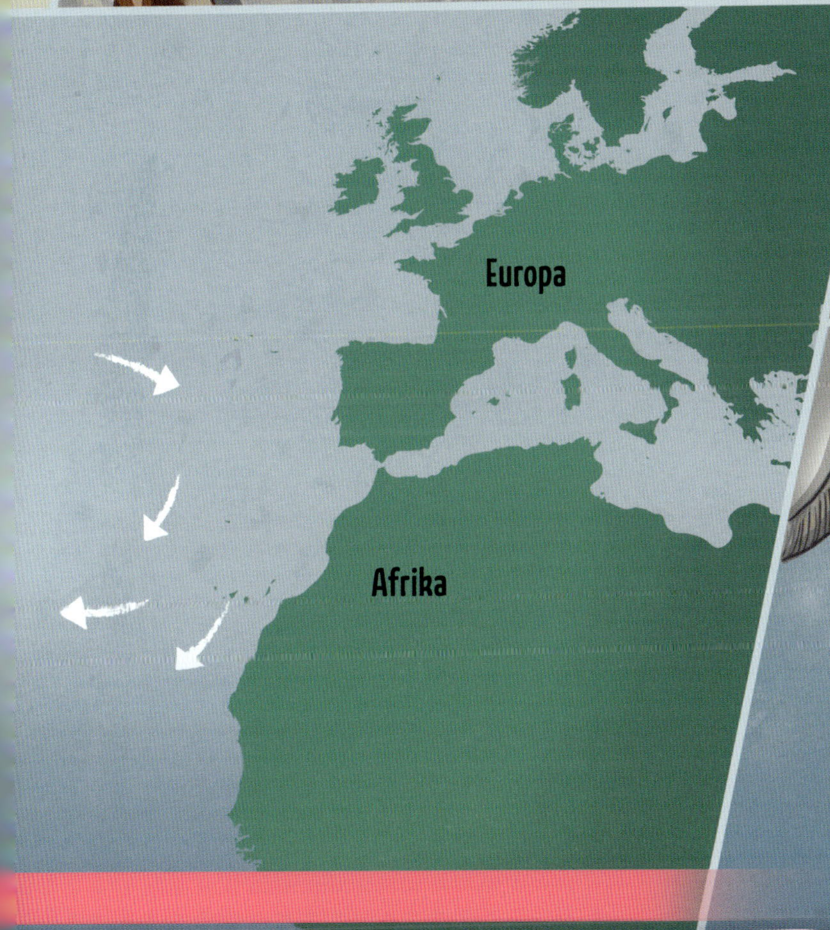

Aufbruch

Wenn die Aale ausgewachsen sind – große Weibchen werden etwa 1 m lang – färben sie sich silbrig. Sie schwimmen flussabwärts bis ins Meer und über den Atlantik zurück in die Sargassosee. Die 5000 km lange Reise dauert bis zu einem Jahr.

Grauwal Nur wenige Tierarten wandern so weite Strecken wie Grauwale. Jedes Jahr legen sie bis zu 22 000 km zurück, wenn sie zwischen ihren Nahrungsgebieten in der Arktis und den Lagunen vor der mexikanischen Küste hin und her ziehen.

Karibik-Langusten Nicht alle Tiere im Ozean schwimmen auf ihren Wanderungen. Im Herbst ziehen diese Langusten von seichteren Bereichen in tiefere Gewässer. Sie laufen in einer Reihe über den Meeresgrund, die aus bis zu 50 Krebsen besteht.

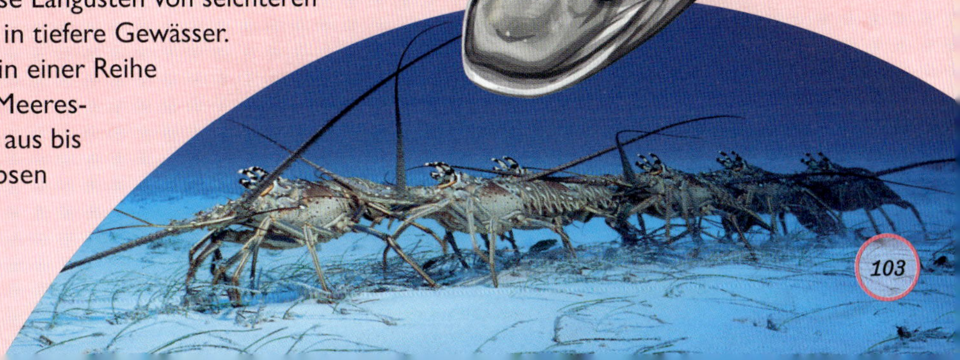

Spritzsalmler

Dieser kleine südamerikanische Fisch ist ungewöhnlich, denn er legt seine Eier nicht im Wasser ab. Das Weibchen legt die Eier auf Blätter, die über der Wasseroberfläche hängen. Dann kümmert sich das Männchen darum, dass sie nicht austrocknen. Vielleicht sind sie so vor Fressfeinden besser geschützt.

Mehr erfahren
Es ist auch sehr interessant, wie sich Schwertwale um ihre Jungen kümmern (S. 94–95).

Die geeignete Stelle finden

Das Männchen hält nach einer Stelle am Ufer mit überhängenden Blättern Ausschau. Wenn es einen guten Platz gefunden hat, lockt es ein Weibchen an.

Hohe Sprünge

Wenn ein Weibchen gekommen ist, springen beide Fische aus dem Wasser auf die Unterseite des Blattes. Das Weibchen legt sechs bis acht Eier, die das Männchen befruchtet. Beide bleiben dabei ein paar Sekunden lang auf dem Blatt. Das Ganze wiederholen sie, bis das Weibchen ungefähr 200 Eier gelegt hat.

Schaumnest Diese Baumfrösche bereiten Nester aus Schaum, in die sie ihre Eier legen. Im Nest bleiben sie feucht. Wenn die Kaulquappen schlüpfen, lassen sie sich ins Wasser unter dem Schaumnest fallen.

Maulbrüter Einige Fische, wie die Männchen der Kieferfische, tragen die Eier im Maul umher, bis die Jungen geschlüpft sind. In dieser Zeit können sie nichts fressen.

Die Brutpflege

Nachdem es die Eier abgelegt hat, schwimmt das Weibchen fort. Das Männchen bleibt bei den Eiern. Es schlägt mit der Schwanzflosse, um sie mit Wasser zu bespritzen, denn sie müssen feucht bleiben.

Im Wasser

Nach zwei oder drei Tagen schlüpfen die Jungen aus den Eiern. Sie lassen sich vom Blatt ins Wasser fallen.

Im Wasser wachsen die kleinen Spritzsalmler heran. Sie verbergen sich zwischen Blättern von Wasserpflanzen.

Spritzsalmler werden knapp sieben Zentimeter lang und etwa drei Jahre alt.

Kleine Meeresschildkröten

Auch diese Wassertiere beginnen ihr Leben an Land. Die jungen Schildkröten schlüpfen aus Eiern, die ihre Mutter in einem Nest am Strand vergraben hat. Nach dem Schlüpfen buddeln sie sich aus und laufen schnell zum Meer.

Anemonenfisch

Kleine Fische, die in tropischen Korallenriffen leben, müssen bei der Futtersuche immer auf der Hut vor Fressfeinden sein. Anemonenfische verbergen sich deshalb zwischen den nesselnden Tentakeln von Seeanemonen. Ein Anemonenfisch schwimmt nie weit von seiner Anemone weg.

Die Eier ablegen

Ein Männchen säubert eine Stelle auf einem Stein neben seiner Seeanemone und umwirbt dann ein Weibchen. Er spreizt die Flossen, beknabbert und jagt sie. Sie legt ihre Eier auf der blanken Stelle am Stein ab und das Männchen befruchtet sie mit seinen Spermien.

Das Gelege wird bewacht

Das Männchen fächert mit den Flossen Wasser über die Eier. Es frisst alle unbefruchteten Eier und auch solche, die von Pilzen befallen sind. Das Weibchen bleibt in der Nähe und vertreibt Fressfeinde.

Die ersten Tage

Nach etwa einer Woche schlüpfen die Jungen. Alle Larven sind Männchen. Sie treiben zur Oberfläche, wo sie zwei Wochen zwischen den anderen Planktonlebewesen verbringen.

Gemeinschaft Die Putzergarnele lebt in der Höhle einer gefährlichen Muräne, wo sie vor Fressfeinden sicher ist. Im Gegenzug knabbert die Garnele tote Haut und Parasiten vom Körper der Muräne und klettert sogar ins Maul, um Nahrungsreste von den Zähnen zu putzen.

Imperator-Kaiserfisch Etwa 500 Fischarten können ihr Geschlecht umwandeln oder haben sowohl männliche als auch weibliche Geschlechtsorgane. Die meisten, wie Imperator-Kaiserfische, sind zunächst Weibchen und wandeln sich in Männchen um. Junge Kaiserfische sind ganz anders gemustert und gefärbt als die erwachsenen Fische.

Ein neues Zuhause

Die Larve hat sich in einen jungen Anemonenfisch verwandelt. Er kehrt zum Riff zurück und sucht sich eine Seeanemone, bei der er einzieht. Nun lebt er in einer Gruppe mit einem Männchen und einem Weibchen, die sich fortpflanzen, und mehreren jungen Männchen, die keinen Nachwuchs bekommen.

Leben in der Seeanemone

Die Anemonenfische schießen heraus, wenn sie Nahrung fangen, aber sie bleiben immer in der Nähe ihrer Anemone. Die Fische entfernen Parasiten von der Seeanemone und fächern ihr mit den Flossen sauerstoffreiches Wasser zu. Zudem ernährt die Anemone sich von Futterresten der Fische.

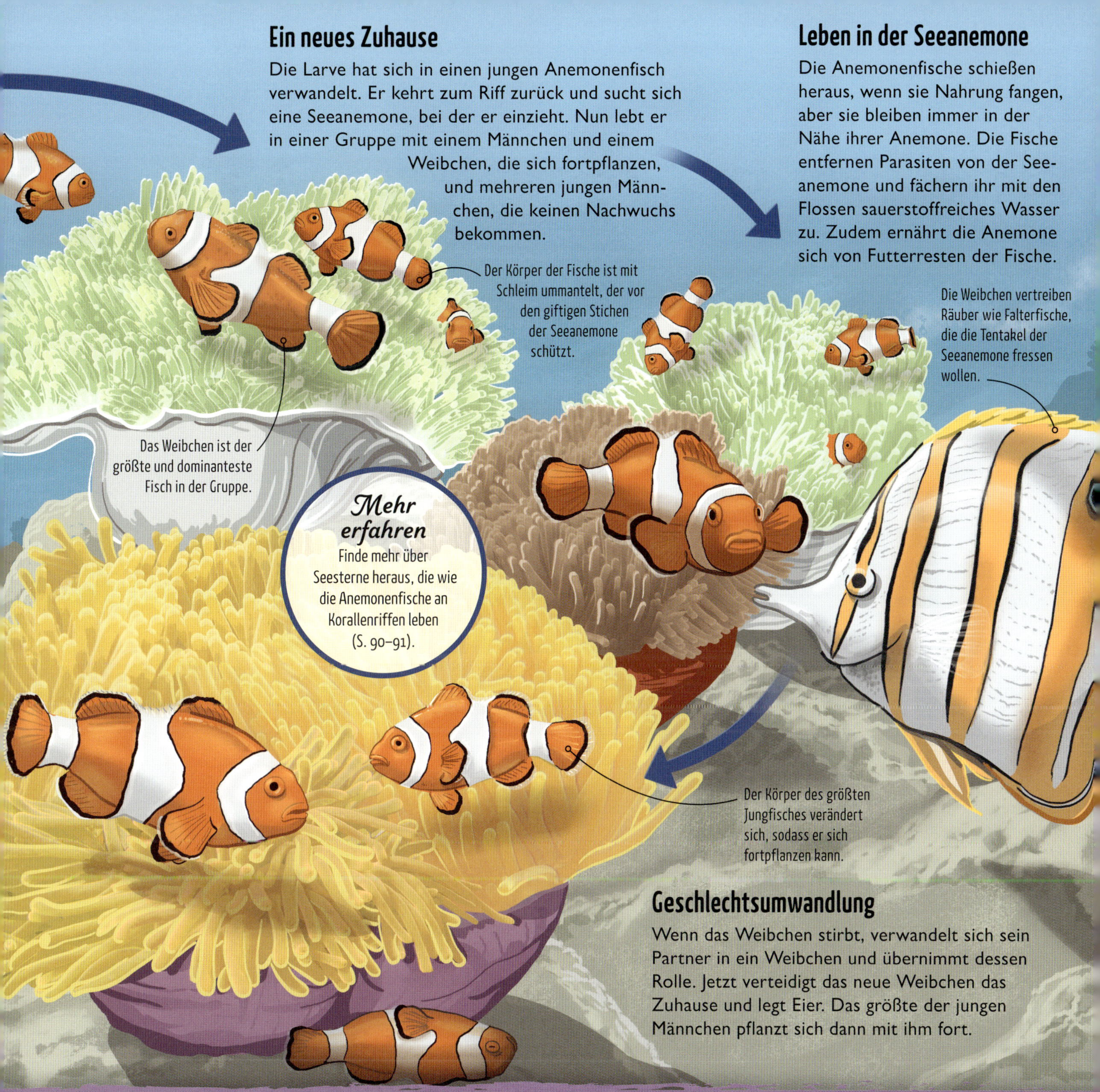

Mehr erfahren

Finde mehr über Seesterne heraus, die wie die Anemonenfische an Korallenriffen leben (S. 90–91).

Geschlechtsumwandlung

Wenn das Weibchen stirbt, verwandelt sich sein Partner in ein Weibchen und übernimmt dessen Rolle. Jetzt verteidigt das neue Weibchen das Zuhause und legt Eier. Das größte der jungen Männchen pflanzt sich dann mit ihm fort.

Mangroven-Killifisch Dieser Fisch muss weder einen Partner suchen noch sein Geschlecht umwandeln, denn er pflanzt sich allein fort. Er ist ein Zwitter und hat sowohl weibliche als auch männliche Geschlechtsorgane. Deshalb kann er seine eigenen Eier befruchten.

Boxhandschuhe Die Boxerkrabbe hält kleine Seeanemonen in ihren Scheren. Sie streckt sie Angreifern entgegen, damit diese vor den nesselnden Tentakeln flüchten. Die Seeanemonen bekommen für ihren Dienst die Reste der Krabbenmahlzeit.

Anglerfisch

Die Nahrungssuche ist eine Herausforderung für die Tiere im dunklen, tiefen Ozean. Tiefsee-Anglerfische schwenken einen leuchtenden Köder, um Beute anzulocken. Wenn ein neugieriges Tier vom Licht angelockt wird, schnappt der Fisch mit seinen gewaltigen Kiefern zu.

Die Fischlarven

Tiefsee-Anglerfische legen Eier, aus denen an der Meeresoberfläche Larven schlüpfen. Sie ernähren sich von den kleinen Planktonlebewesen, während sie heranwachsen. Wenn sie groß genug sind, tauchen sie in die dunklen Tiefen ab.

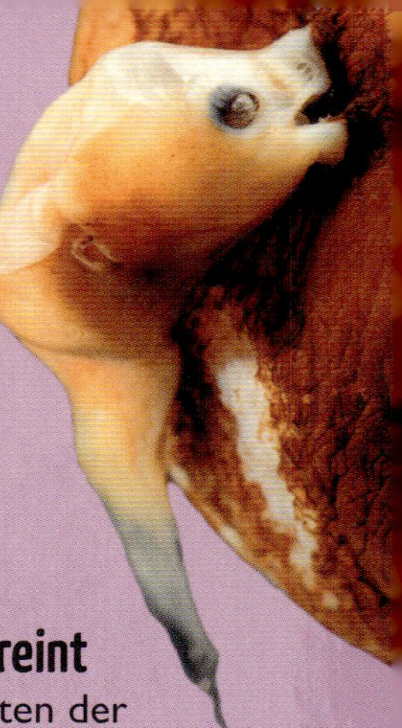

Auf der Lauer

Im eiskalten Wasser leben die Anglerfische als Einzelgänger in der Dunkelheit. Sie schwimmen so langsam und torkelnd, dass sie keine Beute jagen können. Stattdessen locken sie mit dem Leuchtköder andere Fische an.

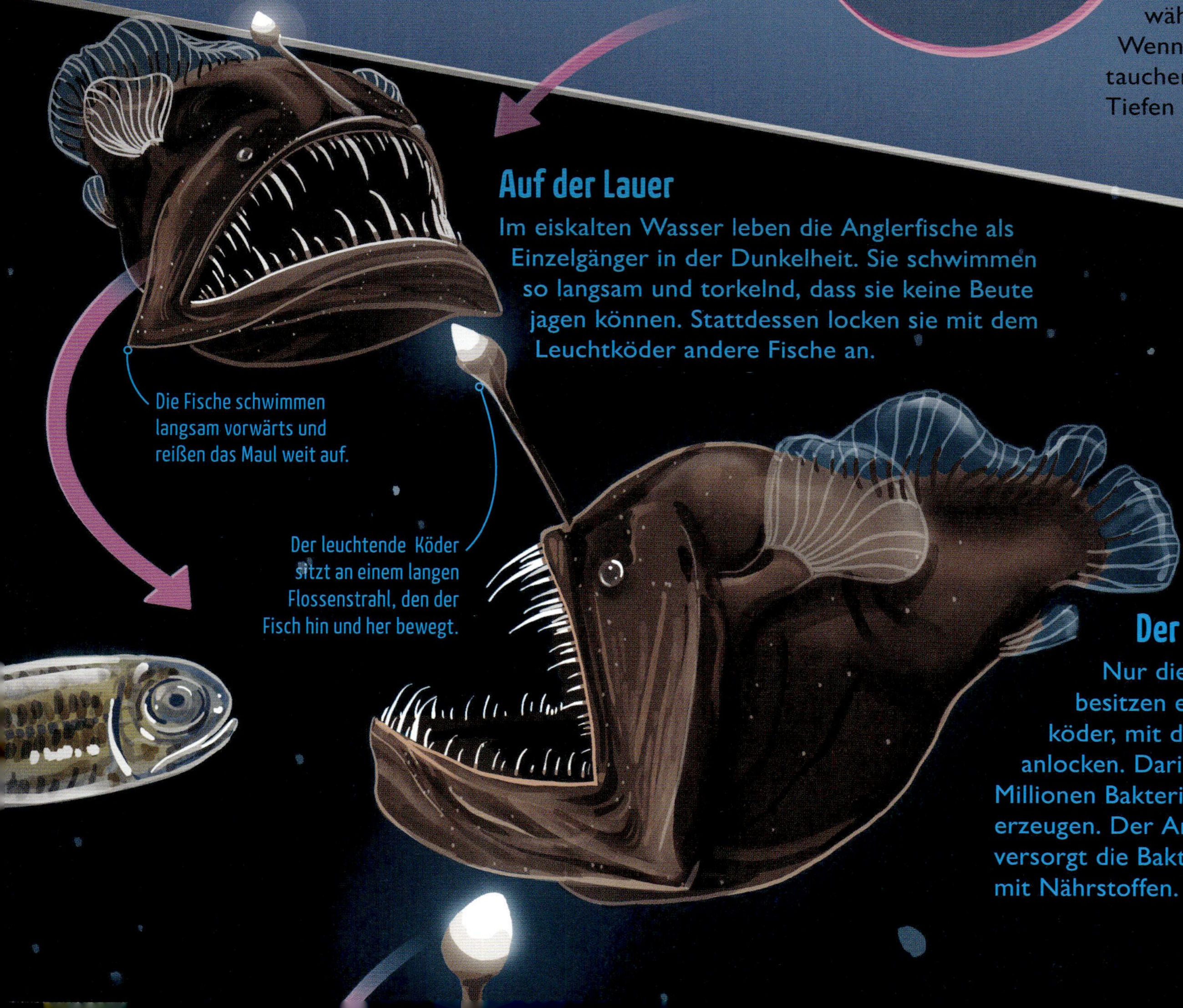

Die Fische schwimmen langsam vorwärts und reißen das Maul weit auf.

Der leuchtende Köder sitzt an einem langen Flossenstrahl, den der Fisch hin und her bewegt.

Der Köder

Nur die Weibchen besitzen einen Leuchtköder, mit dem sie Beute anlocken. Darin befinden sich Millionen Bakterien, die Licht erzeugen. Der Anglerfisch versorgt die Bakterien mit Nährstoffen.

Für immer vereint Bei einigen Arten der Tiefsee-Anglerfische verlässt das Männchen das Weibchen nie wieder. Sein Körper verwächst mit dem der Partnerin. Er wird von ihr über ihren Kreislauf ernährt und ist immer bereit, ihre Eier zu befruchten.

Rot und unsichtbar Der seltsame Vampirtintenfisch ist rot, wie auch viele andere Tiere der Tiefsee. In diesen Tiefen ist Rot eine Tarnfarbe, denn sie ist bei wenig Licht nicht zu erkennen.

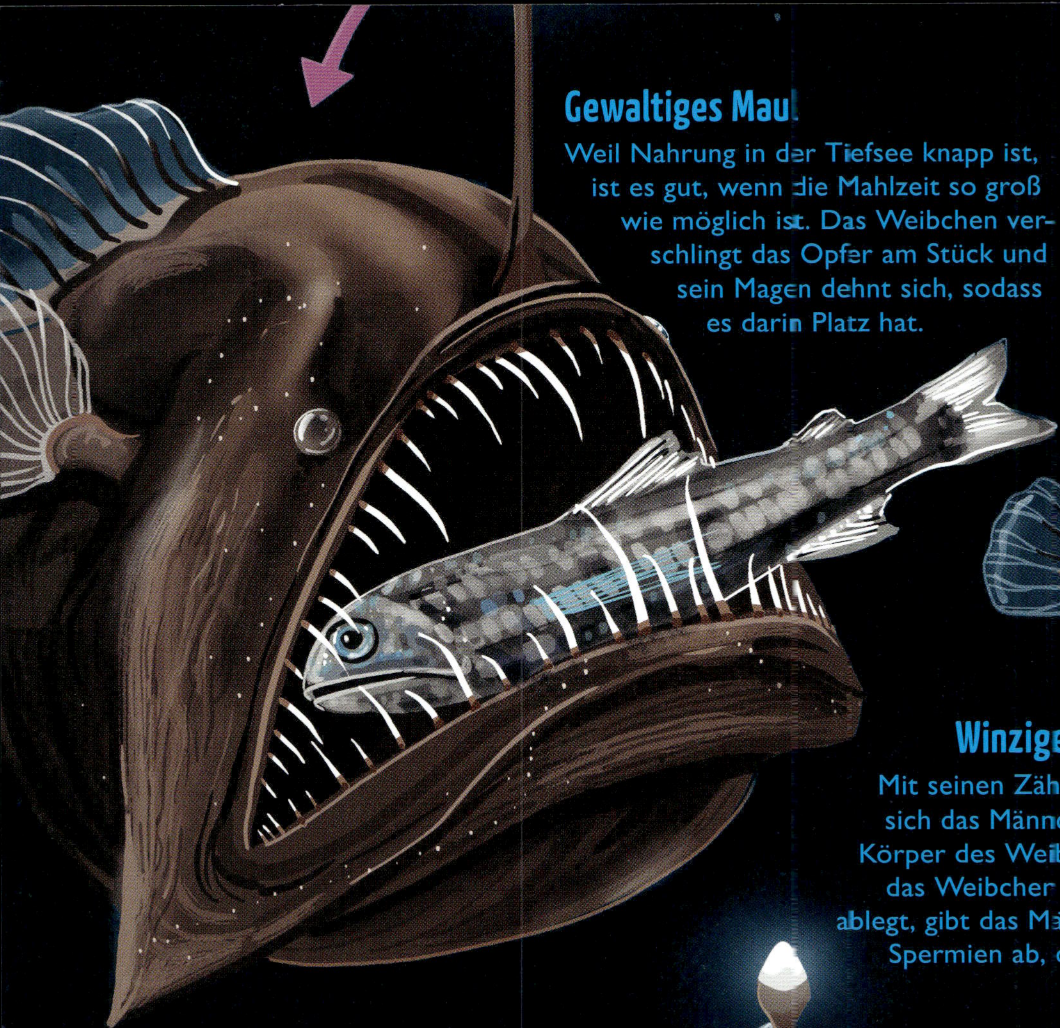

Gewaltiges Maul

Weil Nahrung in der Tiefsee knapp ist, ist es gut, wenn die Mahlzeit so groß wie möglich ist. Das Weibchen verschlingt das Opfer am Stück und sein Magen dehnt sich, sodass es darin Platz hat.

Mehr entdecken

In der Tiefsee leben noch viele andere faszinierende Tiere (S. 72–73).

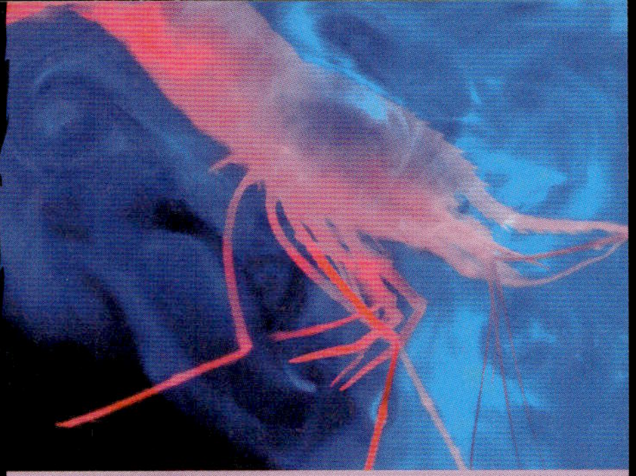

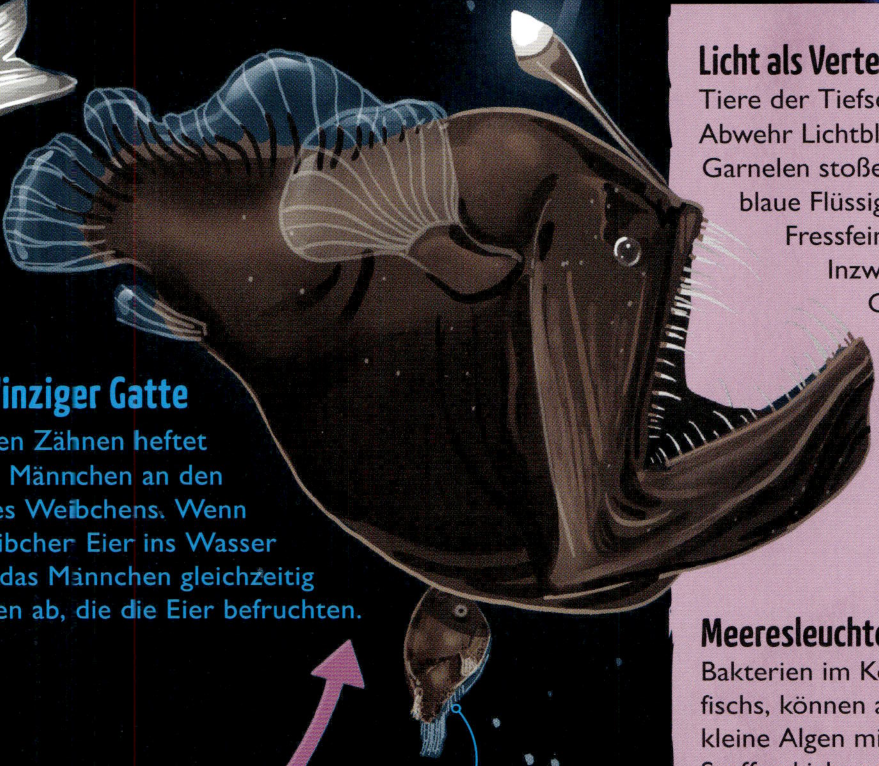

Licht als Verteidigung Manche Tiere der Tiefsee schleudern zur Abwehr Lichtblitze ab. Einige Garnelen stoßen eine leuchtend blaue Flüssigkeit aus, die ihre Fressfeinde verwirrt. Inzwischen sucht die Garnele das Weite.

Winziger Gatte

Mit seinen Zähnen heftet sich das Männchen an den Körper des Weibchens. Wenn das Weibchen Eier ins Wasser ablegt, gibt das Männchen gleichzeitig Spermien ab, die die Eier befruchten.

Meeresleuchten Wie die Bakterien im Köder des Anglerfischs, können auch manche kleine Algen mit chemischen Stoffen Licht erzeugen. Dann glitzert das Meer wie ein Sternenhimmel.

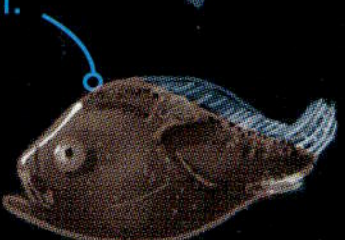

Nach der Eiablage schwimmt das Männchen weg und sucht nach weiteren Weibchen.

Mit den großen Augen und Nasenlöchern findet das Männchen eine Partnerin.

Partnersuche

Das Weibchen muss warten, bis ein Männchen es in der Dunkelheit findet. Das kleine Männchen hat einen hervorragenden Geruchssinn, mit dem es der Duftspur folgt, bis es den leuchtenden Köder entdeckt.

Ichthyosaurier

Die Ichthyosaurier waren Meeresreptilien, die sich zu Beginn des Erdmittelalters (vor 252 Millionen Jahren) entwickelten. Es gab viele Arten, die 1 bis 20 Meter lang wurden. Spätere Ichthyosaurier waren Räuber an der Spitze der Nahrungskette. Die Reptilien starben vor etwa 90 Millionen Jahren aus unbekannten Gründen aus.

Trächtigkeit

Man hat Fossilien von trächtigen Weibchen gefunden, deshalb weiß man, dass die Ichthyosaurier keine Eier legten. Die Jungen entwickelten sich im Körper der Mutter.

In Versteinerungen trächtiger Ichthyosaurier kann man 1 bis 11 ungeborene Junge erkennen.

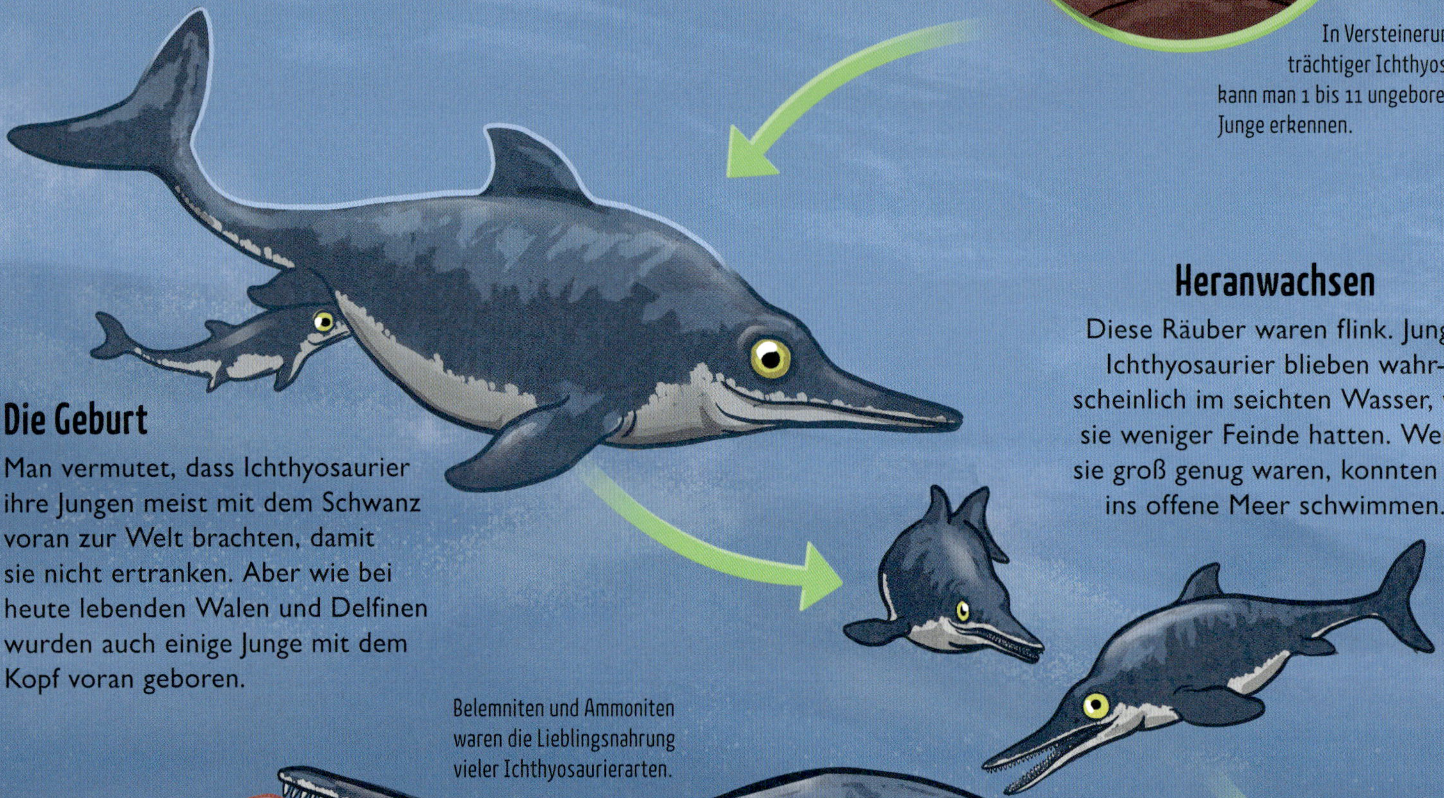

Heranwachsen

Diese Räuber waren flink. Junge Ichthyosaurier blieben wahrscheinlich im seichten Wasser, wo sie weniger Feinde hatten. Wenn sie groß genug waren, konnten sie ins offene Meer schwimmen.

Die Geburt

Man vermutet, dass Ichthyosaurier ihre Jungen meist mit dem Schwanz voran zur Welt brachten, damit sie nicht ertranken. Aber wie bei heute lebenden Walen und Delfinen wurden auch einige Junge mit dem Kopf voran geboren.

Belemniten und Ammoniten waren die Lieblingsnahrung vieler Ichthyosaurierarten.

In der Tiefsee

Erwachsene Ichthyosaurier nutzten zur Jagd wahrscheinlich ihre scharfsichtigen Augen. Einige Arten hatten besonders große Augen, mit denen sie auch in der dunklen Tiefsee Nahrung finden konnten.

Gleichwarme Tiere?

Ichthyosaurier waren gut an das Leben im Meer angepasst. Es gibt Hinweise darauf, dass sie eine Fettschicht unter der Haut besaßen. Das bedeutet vielleicht, dass sie gleichwarme Tiere waren, die eine gleichbleibend hohe Körpertemperatur aufrecht erhielten.

Obwohl sie wie Fische aussahen, waren die Ichthyosaurier Reptilien, die zur Wasseroberfläche kommen mussten, um Luft zu atmen.

Die Ichthyosaurier entwickelten sich aus Eier legenden Landreptilien.

Forscher haben in Versteinerungen Farbstoffe gefunden. Sie liefern Hinweise darauf, wie die Tiere gefärbt waren.

Konterschattierung

Einige Ichthyosaurier hatten einen dunklen Rücken und einen hellen Bauch. Eine solche Färbung nennt man Konterschattierung. Wenn man von oben auf das Tier blickt, ist es über der dunklen Tiefe getarnt. Blickt ein Feind von unten auf den hellen Bauch, ist er vor dem hellen Himmel kaum zu erkennen.

Mehr erfahren
Auch Seeschlangen (S. 112–113) sind Reptilien, die im Meer weit entwickelte Junge zur Welt bringen.

Meeresreptilien
Im Erdmittelalter gab es in den Meeren noch viele andere Reptilien wie langhalsige Plesiosaurier (oben), riesige Pliosaurier und furchterregende Mosasaurier.

Beutetiere Die Belemniten und Ammoniten, die von Ichthyosauriern erbeutet wurden, sind mit den heutigen Kopffüßern verwandt, zu denen die Kalmare, Kraken und Sepien (unten) gehören.

Delfinähnlich Ichthyosaurier sahen ähnlich wie heutige Delfine aus. Wenn Arten, die nicht näher miteinander verwandt sind, in ähnlichen Lebensräumen eine ähnliche Körperform entwickeln, nennt man das konvergente Evolution.

Seeschlange

Seeschlangen sind die einzigen Reptilien, die ihr gesamtes Leben im Wasser verbringen. Die Plättchen-Seeschlange gehört zu den Schlangenarten mit der weitesten Verbreitung. Sie kommt im Indischen und Pazifischen Ozean vor und zieht mit den Strömungen durchs Meer. Ihre auffälligen Warnfarben signalisieren Fressfeinden, dass sie ein starkes Gift besitzt und unangenehm schmeckt.

Die Schlange windet sich, um die alte Haut abzustreifen.

Die Häutung

Schlangen häuten sich regelmäßig während ihres gesamten Lebens und nicht nur, wenn sie wachsen. Die junge Plättchen-Seeschlange verknotet sich fast, um die alte Haut abzustreifen.

Geburt im Meer

Plättchen-Seeschlangen paaren sich an der Meeresoberfläche. Das Weibchen trägt die Eier sechs Monate lang im Körper, bis die Jungen schlüpfen. Dann bringt sie weit entwickelte kleine Schlangen zur Welt, die etwa 25 cm lang sind.

Kleine Schlangen werden schnell selbstständig.

Die Seeschlange hat keine Kiemen, sondern Lungen. Wenn sie unter Wasser ist, kann sie auch über die Haut Sauerstoff aufnehmen.

Die richtige Körpertemperatur

Wie alle Reptilien ist die Seeschlange ein wechselwarmes Tier. Ihre Körpertemperatur ist von der Umgebung abhängig. Um sich aufzuwärmen, sonnt sich die junge Schlange an der Wasseroberfläche. Wird es ihr zu warm, taucht sie ab.

Leistenkrokodil Dieses Krokodil ist das größte Reptil der Erde. Es lebt in Flüssen, an Küsten und im offenen Meer. Es kann sehr gut schwimmen. Man hat diese Reptilien auch schon 1000 km vom Land entfernt beobachtet.

Andere Seeschlangen

Obwohl Plättchen-Seeschlangen manchmal an den Strand gespült werden, kriechen sie nie absichtlich auf das Festland. Plattschwänze jedoch kommen an den Strand, um dort ihre Eier abzulegen oder Beute zu verdauen.

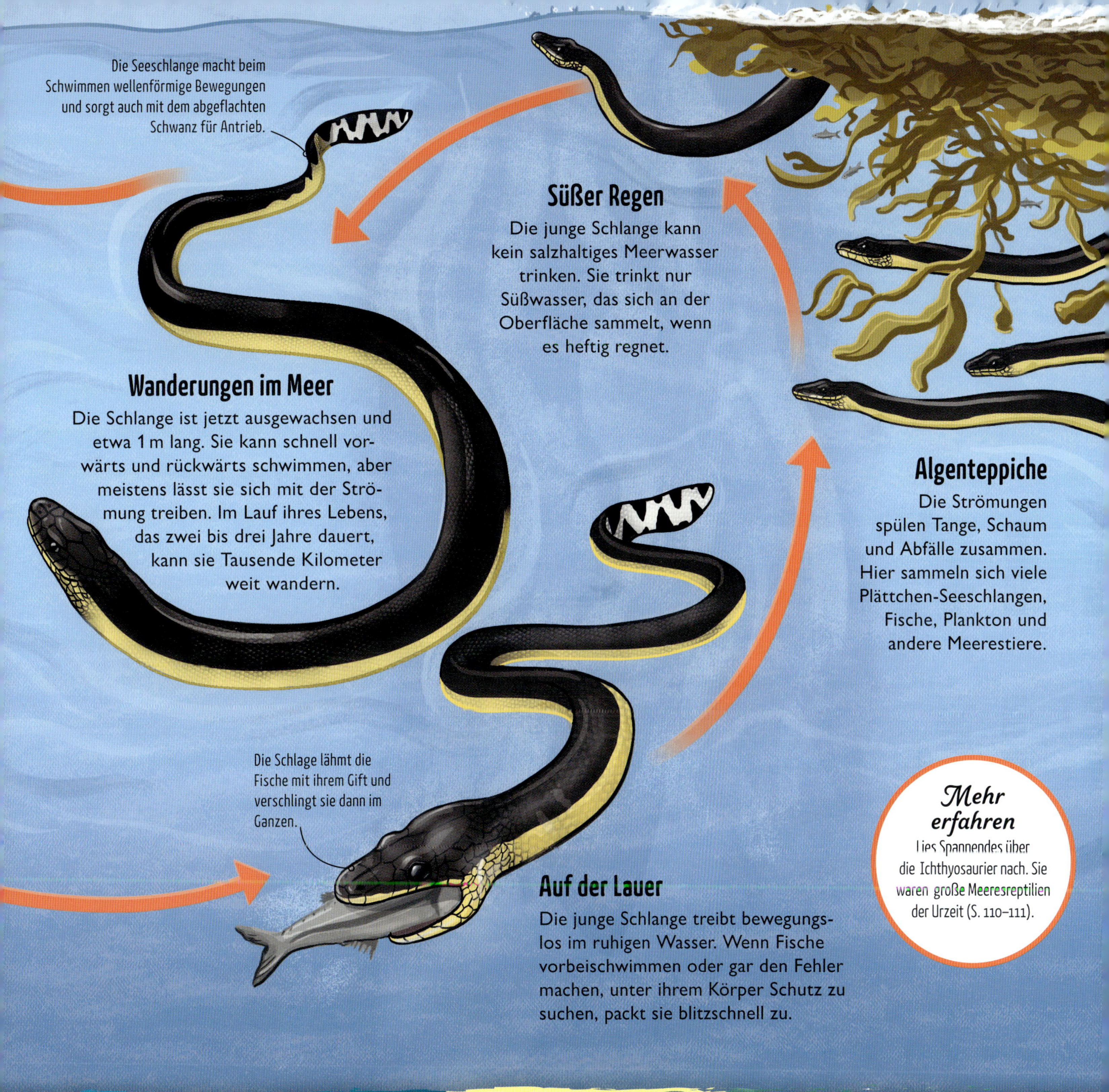

Die Seeschlange macht beim Schwimmen wellenförmige Bewegungen und sorgt auch mit dem abgeflachten Schwanz für Antrieb.

Süßer Regen

Die junge Schlange kann kein salzhaltiges Meerwasser trinken. Sie trinkt nur Süßwasser, das sich an der Oberfläche sammelt, wenn es heftig regnet.

Wanderungen im Meer

Die Schlange ist jetzt ausgewachsen und etwa 1 m lang. Sie kann schnell vorwärts und rückwärts schwimmen, aber meistens lässt sie sich mit der Strömung treiben. Im Lauf ihres Lebens, das zwei bis drei Jahre dauert, kann sie Tausende Kilometer weit wandern.

Algenteppiche

Die Strömungen spülen Tange, Schaum und Abfälle zusammen. Hier sammeln sich viele Plättchen-Seeschlangen, Fische, Plankton und andere Meerestiere.

Die Schlage lähmt die Fische mit ihrem Gift und verschlingt sie dann im Ganzen.

Auf der Lauer

Die junge Schlange treibt bewegungslos im ruhigen Wasser. Wenn Fische vorbeischwimmen oder gar den Fehler machen, unter ihrem Körper Schutz zu suchen, packt sie blitzschnell zu.

Mehr erfahren

Lies Spannendes über die Ichthyosaurier nach. Sie waren große Meeresreptilien der Urzeit (S. 110–111).

Meerechse Dies ist die einzige Echse, die ihre Nahrung im Meer sucht. Sie taucht bis zu 12 m tief, um Algen zu fressen, und kann eine Stunde lang unter Wasser bleiben. Wenn sie gerade keine Nahrung sucht, sonnt sie sich an Felsenstränden.

Molch

Wie Frösche und fast alle anderen Amphibien führen Molche ein Doppelleben: Einen Teil verbringen sie im Wasser und den anderen an Land. Wenn sie das Wasser verlassen, verändert sich ihr Körper stark, denn er muss sich an die Bedingungen an Land anpassen. Der nordamerikanische Grünliche Wassermolch lebt meistens in Teichen und Seen und in der Laubstreu der Wälder.

Zurück ins Wasser

Nun ist der Molch ausgewachsen und kehrt ins Wasser zurück. Er verbringt sein restliches Leben in einem Teich oder See. Weil er Lungen hat, muss er zum Atmen zur Oberfläche schwimmen.

Die Balz

Ein Molch tanzt, um ein Weibchen zu beeindrucken, und umarmt es schließlich. Wenn sie ihn akzeptiert, legt er ein Spermienpaket auf den Boden. Das Weibchen nimmt es in den Körper auf und die Spermien befruchten die Eier.

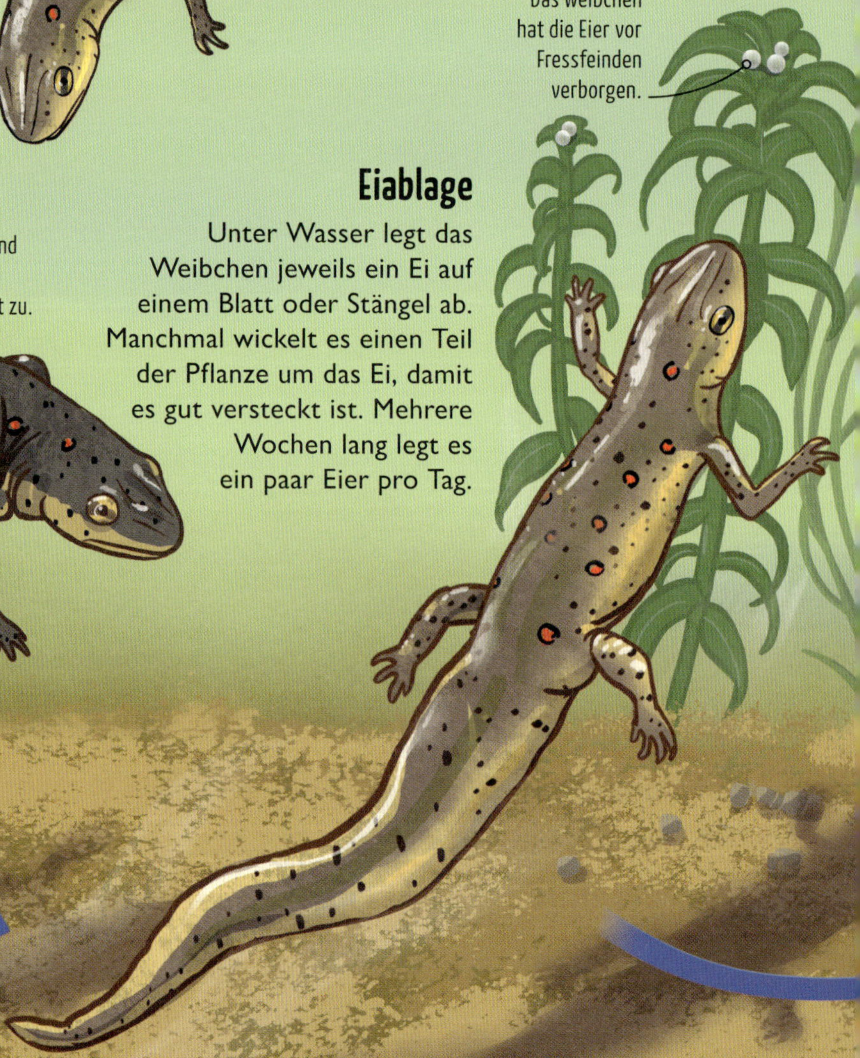

Eiablage

Unter Wasser legt das Weibchen jeweils ein Ei auf einem Blatt oder Stängel ab. Manchmal wickelt es einen Teil der Pflanze um das Ei, damit es gut versteckt ist. Mehrere Wochen lang legt es ein paar Eier pro Tag.

Mehr erfahren

Auch die Eintagsfliege (S. 88–89) lebt als Larve im Wasser und als erwachsenes Tier an Land.

Der Molch geht an Land

Nach etwa drei Monaten entwickeln sich Lungen und die Kiemen bilden sich zurück. Diese Verwandlung nennt man auch Metamorphose. Bis zu sieben Jahre lang lebt die Amphibie nun an Land und sucht in der Laubstreu nach kleinen Beutetieren.

Anpassungen an das Wasser

Die Larve hat Kiemen, mit denen sie im Wasser atmet, und verschafft sich mit dem Schwanz Antrieb. Allmählich wachsen ihr Beine. Sie ist eine Jägerin, die kleine Tiere fängt, z. B. Wasserflöhe, Schnecken und Insektenlarven.

Wenn ein Molch ein Bein verliert, wächst bald ein neues nach.

Die Larve schlüpft

Die Molchmutter verlässt die Eier, die sich nun allein entwickeln. Wenn ein kleiner Molch schlüpft, frisst er während der ersten Tage nur die Reste des Dotters.

Kaulquappen auf Bäumen Bromelien sind Pflanzen, die auf Bäumen im Regenwald wachsen. Einige tropische Frösche legen ihre Eier in die kleinen Regenwassertümpel in den Blatttrichtern. Die Kaulquappen leben hier und fressen Algen und Insektenlarven.

Blindwühlen Diese wurmähnlichen Amphibien sind beinlos. Blindwühlenmännchen übergeben kein Spermienpaket wie die Molchmännchen. Stattdessen paart sich das Männchen mit dem Weibchen und überträgt seine Spermien direkt in ihren Körper.

Frosch-Paarung Bei den meisten Fröschen werden die Eier im Wasser befruchtet. Die Männchen umklammern die Weibchen und die Tiere geben die Eier und Spermien gleichzeitig ins Wasser ab.

Frosch

Der Wasserreservoirfrosch lebt im südlichen Australien in Sümpfen, Bächen und Grasländern. Hier regnet es nur sehr selten, aber dieser Frosch kommt auf erstaunliche Weise mit der langen Trockenzeit zurecht.

Der Frosch lebt jetzt von den Fettreserven in seinem Körper.

Eingraben

In den Trockenzeiten verschwindet das Wasser an der Oberfläche. Der Frosch setzt seine Füße wie Schaufeln ein und gräbt sich bis zu 1 m tief in den sandigen Boden ein.

Eine Kammer

Der junge Frosch gräbt sich eine Kammer in den Erdboden. Hier bleibt er nun, bis es das nächste Mal regnet und der Lebenszyklus von Neuem beginnt.

Die Verwandlung

Es dauert etwa 30 Tage, bis sich die Kaulquappen in Frösche verwandeln, die nun an Land leben. Ein junger Frosch muss unter der Erde sein, bevor der Sand so hart ist, dass er sich nicht mehr eingraben kann.

Die Kaulquappen sind bald 6 cm lang.

Mehr erfahren

Auch andere Amphibien wie der Grünliche Wassermolch (S. 114–115) verbringen ihr Leben im Wasser und an Land.

Känguruatten Diese Nagetiere leben im westlichen Nordamerika. Sie müssen nie etwas trinken, denn die Samen, die sie fressen, enthalten genügend Wasser und ihr Urin ist sehr konzentriert.

Afrikanischer Lungenfisch Diese Lungenfische leben in afrikanischen Sümpfen im seichten Wasser. Wenn der Sumpf austrocknet, verbringen sie Monate an Land, wo sie mit den Lungen atmen.

Der Frosch erwacht

Wenn es regnet, sickert Wasser in die Froschkammer. Das ist das Signal für den Frosch: Er erwacht, befreit sich aus dem Beutel und frisst ihn dann auf.

Der Frosch nimmt auch Wasser in seine Harnblase und in Kammern unter der Haut auf – und zwar so viel, dass er doppelt so schwer wird.

Feuchtigkeit speichern

Der Frosch kleidet die Kammer mit einer Schicht aus Schleim aus. Sie ist wasserundurchlässig und härtet zu einer Art Beutel aus, der den Körper umhüllt. Das Wasser bleibt im Beutel und der Frosch trocknet nicht aus.

Bis zu fünf Jahre lang überlebt dieser Frosch, ohne zu trinken.

Die Eiablage

Bei der Paarung legt das Weibchen bis zu 500 Eier ins Wasser ab. Die Laichklumpen heften sich an Pflanzen, die an der Wasseroberfläche treiben. Nach wenigen Wochen schlüpfen golden und grün gemusterte Kaulquappen.

Weibchen anlocken

Die Männchen müssen schnell eine Partnerin finden, bevor es wieder trocken wird. Sie sammeln sich an den Ufern kleiner Teiche und rufen laut, um Weibchen anzulocken.

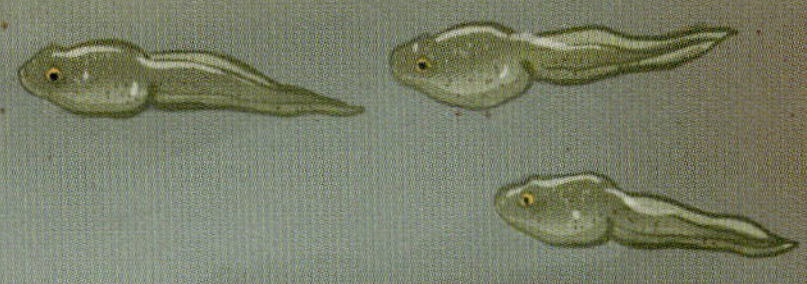

Kalifornische Gopherschildkröte

Diese Schildkröten leben in Mexiko. Wenn es regnet, nehmen sie Wasser in ihre Harnblase auf, um es zu speichern. Mit diesem Wasservorrat im Körper überstehen sie die Trockenzeit.

Warziger Lemurenfrosch

Die Baumfrösche kommen in der trockenen Chaco-Region in Südamerika vor. Sie sondern aus Drüsen in der Haut eine wachsartige Substanz ab. Das Wachs verhindert, dass Wasser aus ihrem Körper verdunstet.

Zooxanthelle

Tropische Korallenriffe sind bunte Unterwasserwelten. Eine Partnerschaft zwischen den kleinen Korallenpolypen, die das Riff aufbauen, und einzelligen Algen, die in ihrem Gewebe leben, spielt dabei eine wichtige Rolle. Die Algen heißen Zooxanthellen. Sie sind im Körper der Korallen geschützt und versorgen die Korallen als Gegenleistung mit Nährstoffen.

Im Wasser

Die Alge verbringt einen Teil ihres Lebens im Plankton. Wie eine Pflanze stellt sie durch Fotosynthese mit der Energie des Sonnenlichts Zucker her. Er dient ihr als Nähr- und Baustoff.

Im Körper des Polypen

Der Korallenpolyp nimmt mit dem Mund Wasser auf, in dem viele Algen enthalten sind. Einige gelangen in die Zellen des Polypen und verlieren dann ihre Geißeln.

Wieder im Plankton

Das Gewebe des Polypen stößt Algen aus, die Geißeln tragen und daher schwimmen können. Mit vielen anderen winzigen Algen und Tieren leben sie nun im Plankton. Der Polyp behält nur die Algen, die nicht schwimmen können, damit sie für ihn Nährstoffe herstellen.

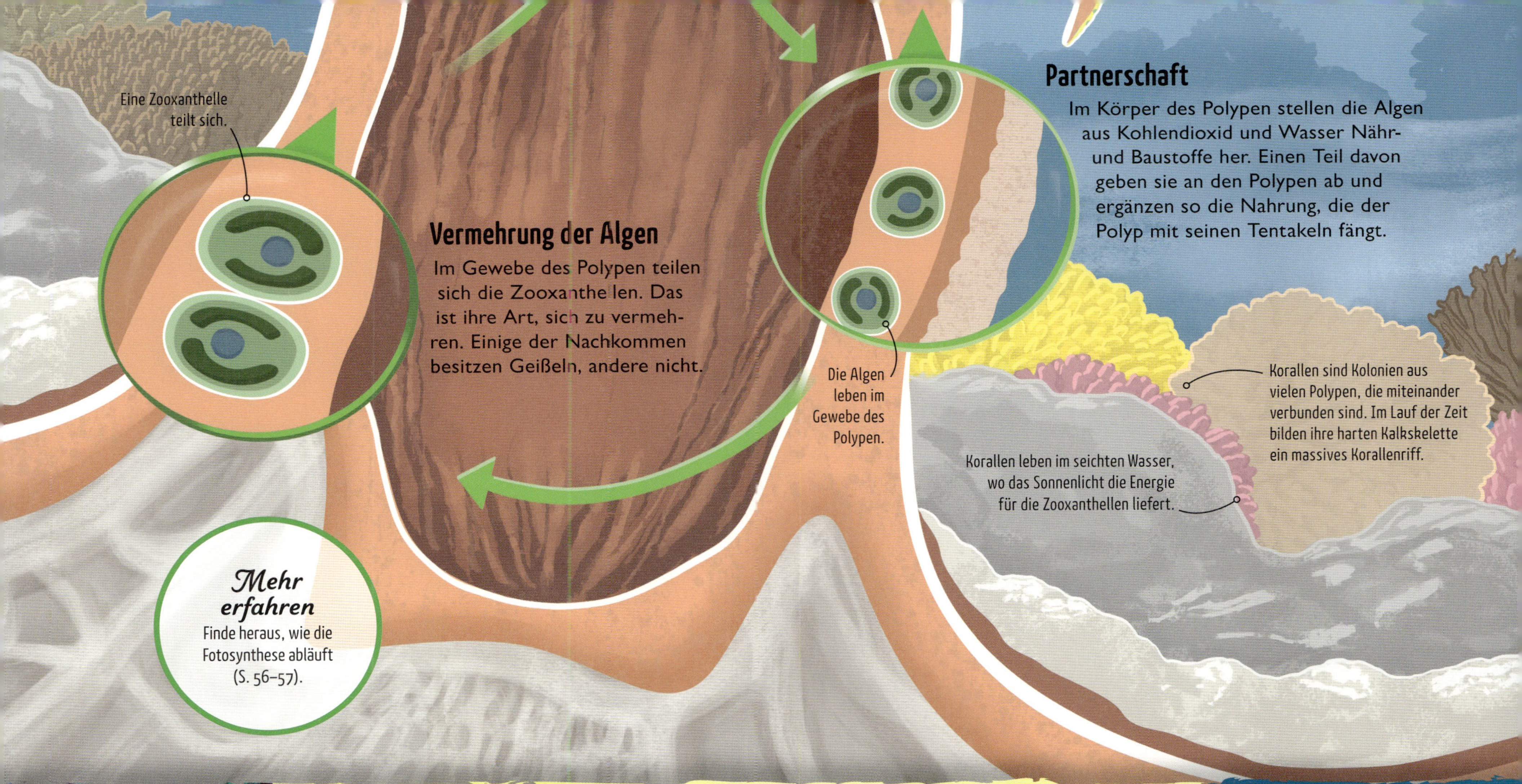

Vermehrung der Algen

Im Gewebe des Polypen teilen sich die Zooxanthellen. Das ist ihre Art, sich zu vermehren. Einige der Nachkommen besitzen Geißeln, andere nicht.

Partnerschaft

Im Körper des Polypen stellen die Algen aus Kohlendioxid und Wasser Nähr- und Baustoffe her. Einen Teil davon geben sie an den Polypen ab und ergänzen so die Nahrung, die der Polyp mit seinen Tentakeln fängt.

Mehr erfahren

Finde heraus, wie die Fotosynthese abläuft (S. 56–57).

Bunte Korallen Korallen haben viele Farben, denn die Zooxanthellen nehmen mit speziellen Farbstoffen die Energie des Sonnenlichts auf. Der Farbstoff Chlorophyll sorgt für grüne und braune Farben.

Sonnenschutz Einige Korallen haben außerdem rosafarbene oder violette Farbstoffe. Sie schirmen Sonnenstrahlung ab, die das Gewebe des Körpers schädigen kann, ähnlich wie wir unsere Haut mit Sonnencreme schützen.

Korallenbleiche Wenn das Meerwasser zu warm oder verschmutzt ist, stoßen die Korallen alle Algen aus und verlieren ihre Farben. Werden die Bedingungen nicht besser, dann sterben die Korallen. Weil wegen des Klimawandels die Temperaturen auf der Erde steigen, kommt es weltweit zu solchen Korallenbleichen.

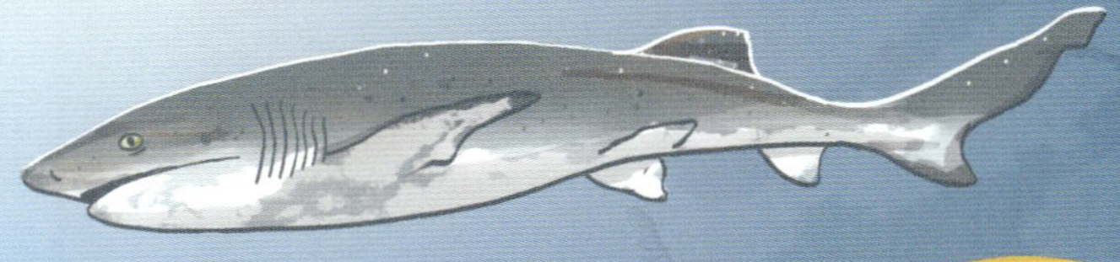

Riesentang

Der Riesentang ist der größte Tang der Erde. Obwohl er wie eine Pflanze aussieht und auch durch Fotosynthese Nähr- und Baustoffe herstellt, ist er eine Alge. Er wächst im kalten Meer vor der Küste und kann vom Grund bis in 30 Meter Höhe aufragen. Zu Beginn seines Lebens ist er jedoch winzig.

Mehr erfahren

Informiere dich über die Fotosynthese (S. 56–57) und lies nach, wie Algen im Körper von Korallenpolypen Fotosynthese betreiben (S. 118–119).

Sporenverbreitung

Ein ausgewachsener Tang hat spezielle Wedel, mit denen er Sporen abgibt. Auch Moose und einige andere Landpflanzen vermehren sich mit Sporen.

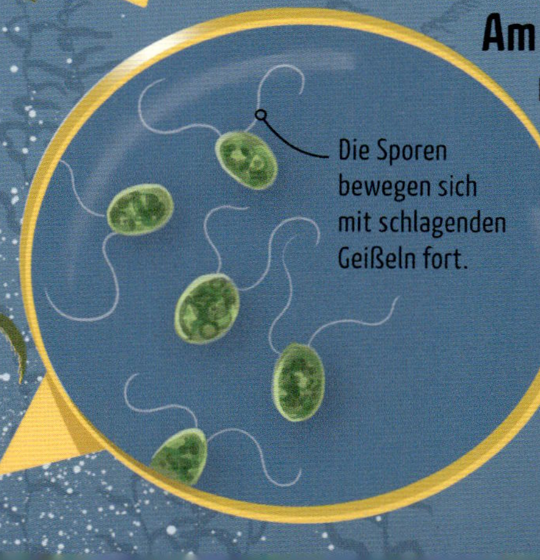

Am Meeresgrund

Die winzigen Sporen schwimmen fort. Sie werden von der Strömung getragen oder verschaffen sich selbst Antrieb. Schließlich setzen sie sich am Grund fest.

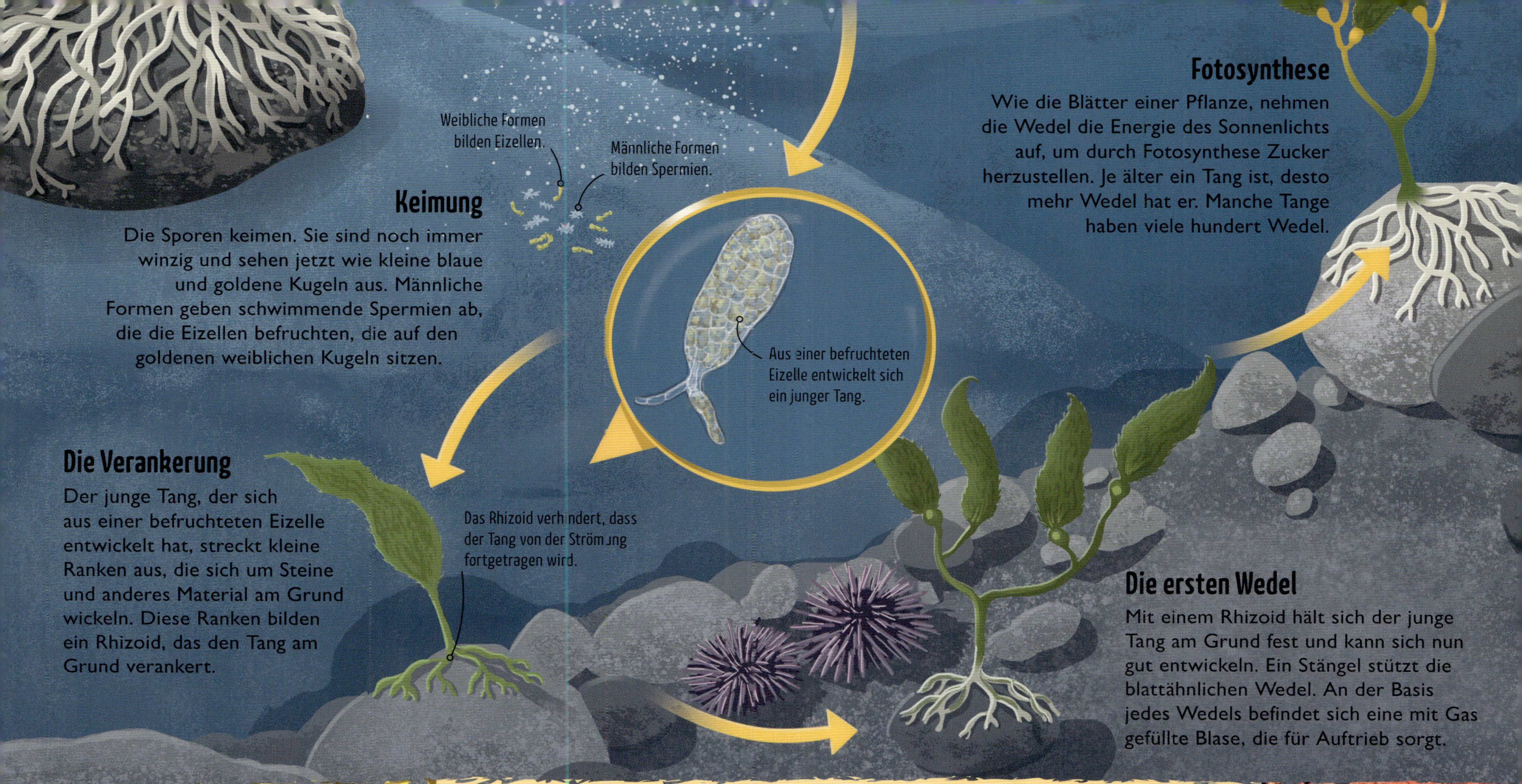

Keimung

Die Sporen keimen. Sie sind noch immer winzig und sehen jetzt wie kleine blaue und goldene Kugeln aus. Männliche Formen geben schwimmende Spermien ab, die die Eizellen befruchten, die auf den goldenen weiblichen Kugeln sitzen.

Die Verankerung

Der junge Tang, der sich aus einer befruchteten Eizelle entwickelt hat, streckt kleine Ranken aus, die sich um Steine und anderes Material am Grund wickeln. Diese Ranken bilden ein Rhizoid, das den Tang am Grund verankert.

Die ersten Wedel

Mit einem Rhizoid hält sich der junge Tang am Grund fest und kann sich nun gut entwickeln. Ein Stängel stützt die blattähnlichen Wedel. An der Basis jedes Wedels befindet sich eine mit Gas gefüllte Blase, die für Auftrieb sorgt.

Fotosynthese

Wie die Blätter einer Pflanze, nehmen die Wedel die Energie des Sonnenlichts auf, um durch Fotosynthese Zucker herzustellen. Je älter ein Tang ist, desto mehr Wedel hat er. Manche Tange haben viele hundert Wedel.

Wälder im Meer Die Wälder aus Riesentangen mit ihren ausgebreiteten Wedeln bieten Fischen und anderen Meerestieren Schutz, während wirbellose Tiere wie Seeigel und Schnecken an den Rhizoiden weiden. Robben und Seelöwen jagen in den Tangwäldern Fische.

Phytoplankton Die meisten Algen bleiben während ihres ganzen Lebens winzig. Dieses Phytoplankton ist die Nahrung unzähliger Meerestiere.

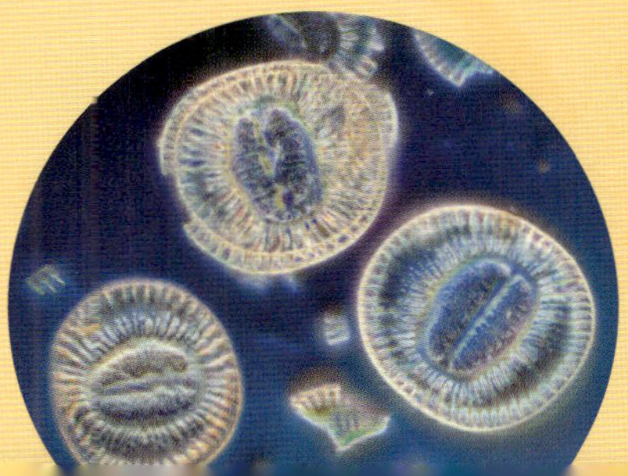

Farbige Algen Ebenso wie Pflanzen nutzen viele Algen den grünen Farbstoff Chlorophyll, der die Energie des Sonnenlichts einfängt, zur Fotosynthese. Aber nicht alle Algen sind grün. Unter Wasser können andere Farbstoffe das Licht besser einfangen, deshalb sind manche Algen rot und andere braun wie der Riesentang.

Wir und das Wasser

Wir brauchen jeden Tag Wasser zum Trinken und Kochen, und um uns und unsere Kleidung zu waschen. Außerdem müssen wir Nutzpflanzen bewässern. Wir transportieren Güter auf Wasserstraßen und erzeugen in Wasserkraftwerken Elektrizität. Wasser ist so wertvoll, dass wir in Zukunft noch viel mehr darauf achten müssen, es nicht zu verschwenden, denn sonst droht in vielen Regionen der Erde Wasserknappheit.

Wir brauchen das Wasser

Wir müssen Nutzpflanzen und Tiere mit Wasser versorgen. Die Meere, Seen und Flüsse sind reichhaltige Nahrungsquellen. Auf Wasserwegen reisen wir und treiben Handel. Ohne die Gewässer können wir nicht überleben, deshalb müssen wir sie und die Lebewesen in ihnen schützen.

Alle Nutzpflanzen brauchen regelmäßig Wasser, um zu wachsen. Etwa 2500 l Wasser sind notwendig, um 1 kg Reis zu ernten.

Dies ist eine Nachbildung der HMS *Endeavour*, des ersten Schiffs, das im Jahr 1770 von Europa nach Australien fuhr. Der Kapitän war der englische Entdecker James Cook.

Ernährung

Im Wasser leben Millionen Fische, Garnelen und andere Lebewesen, die wir essen. Etwa 17 Prozent der Eiweißstoffe in unserem Essen kommen aus dem Meer, in einigen Küstenländern sind es sogar 50 Prozent. Weil wir die Meere überfischen, sind viele Arten inzwischen stark bedroht. In Zukunft müssen wir die Fischerei und Fischzucht nachhaltiger betreiben, um unsere Lebensgrundlagen zu bewahren.

Mehr als 170 Mio. Tonnen Fische, Garnelen und andere Meerestiere werden jedes Jahr im Wasser gezüchtet.

Handel und Reisen

Bevor es mit Motoren betriebene Fahrzeuge und Flugzeuge gab, legten die Menschen weite Strecken per Schiff zurück. Wagemutige Menschen wie der Chinese Zheng He und die Europäer Christoph Kolumbus oder Vasco da Gama entdeckten neue Seewege, die später wichtige Reise- und Handelsrouten wurden.

Gemüse und Obst muss man waschen, um Schmutz, Insekten und Chemikalien zu entfernen.

Unser Essen

Wir brauchen Wasser, um unsere Mahlzeiten zu waschen und zuzubereiten. Wir kochen und garen das Essen und bereiten Soßen, Suppen und Teig mit Wasser zu. Auch zum Abspülen der Töpfe, Pfannen und Teller verbrauchen wir Wasser.

Etwa 90 Prozent aller Dinge, die du kaufst, haben eine Schiffsreise hinter sich.

Containerschiffe transportieren viele Güter. In einen Container passen erstaunlich viele Dinge, wie 12 000 Schuhschachteln oder mehr als 40 000 Bananen.

Handel und Schifffahrt

Heute werden Milliarden Tonnen Güter und Rohstoffe mit Containerschiffen, Tankern und anderen Schiffen in alle Welt transportiert. Riesige Frachter können 7000 Autos oder 20 000 Container gleichzeitig transportieren. Aus Häfen an den Küsten stechen jedes Jahr Tausende von Schiffen in See oder legen an.

Küstenstädte

Die meisten großen Städte wurden in der Nähe eines Gewässers gegründet, denn die Menschen trieben auf dem Wasser Handel. Acht der zehn größten Städte der Welt liegen an der Küste oder an einer Flussmündung in der Nähe des Meeres. Wenn wegen der Klimakrise der Meeresspiegel ansteigt, werden Teile dieser Städte überflutet.

Der Hafen der Stadt Schanghai in China ist der größte Hafen der Welt.

Wasserkraft

Die Bewegung des Wassers kann in einem Wasserkraftwerk Elektrizität erzeugen. Für solche Kraftwerke werden Flüsse mit riesigen Dämmen angestaut. Wenn das Flusswasser durch den Staudamm fließt, treibt es eine Turbine an. Die Turbine ist an einen Generator gekoppelt, der Elektrizität erzeugt.

Gezeitenkraftwerk

Zweimal täglich sinkt und steigt bei Ebbe und Flut der Meeresspiegel an der Küste. Gezeitenkraftwerke nutzen die Bewegung, um mit Turbinen Elektrizität zu erzeugen.

Der älteste Staudamm, der noch in Betrieb ist, steht in einem See bei der syrischen Stadt Homs. Er wurde in der Regierungszeit des ägyptischen Pharaos Seth vor mehr als 3000 Jahren erbaut.

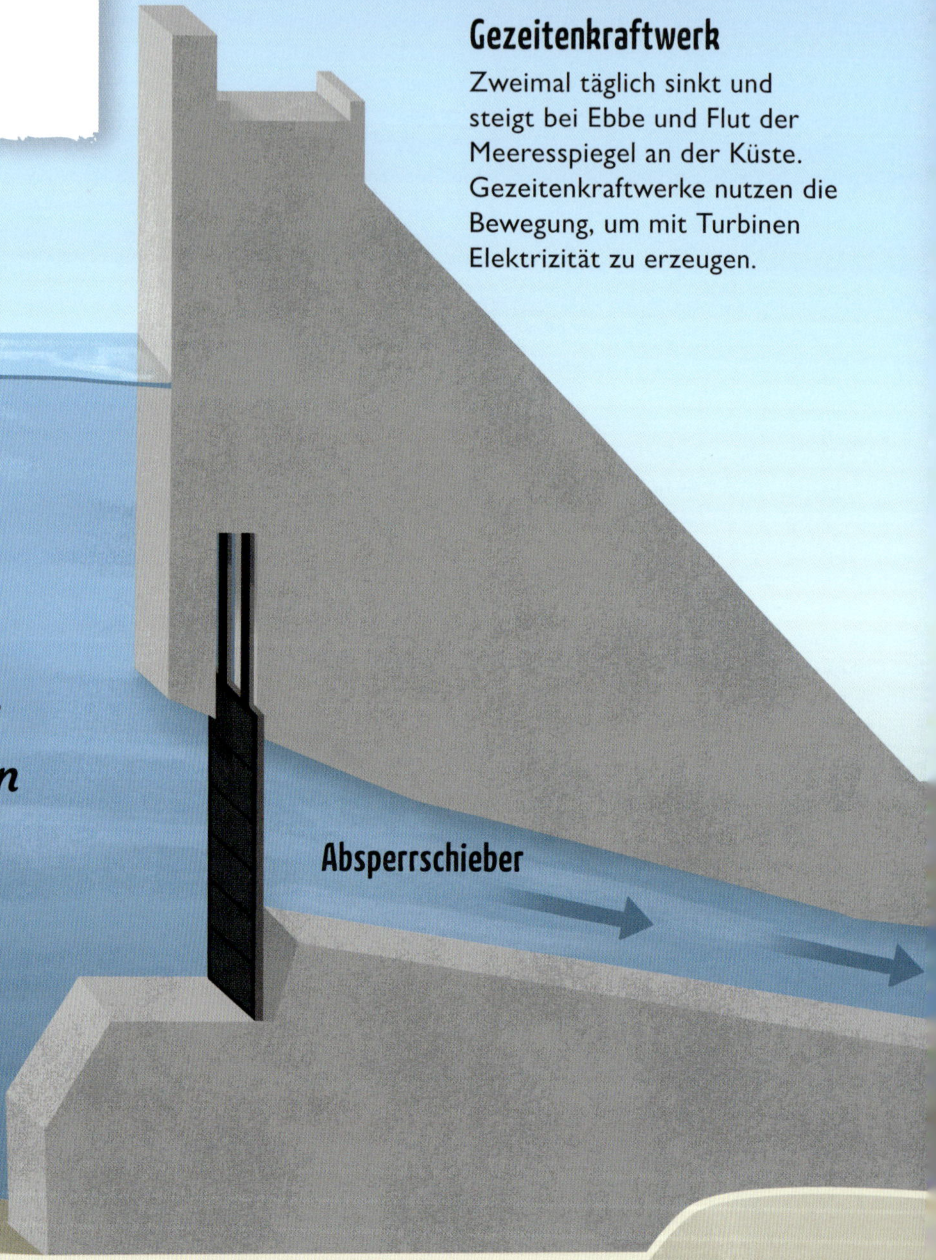

Der Damm Staudämme baut man in großen Flüssen an Stellen, wo das Wasser anschließend steil abfällt, sodass es schnell einen möglichst weiten Weg zurücklegt.

Die Schleusen öffnen Um Elektrizität zu erzeugen, werden Absperrschieber im Damm geöffnet. Das Wasser kann dann aus dem Stausee zur Turbine fließen.

Wasserkraftschnecke

Auch kleinere Flüsse können Turbinen antreiben. Das Wasser fließt in die Wasserkraftschnecke und dreht sie, sodass sie einen Generator antreibt.

Fischleitern

Lachse und andere Fischarten wandern zum Laichen flussaufwärts. Dämme versperren ihnen den Weg. Neben manchen gibt es Fischleitern, über die sie flussaufwärts gelangen können.

Drei-Schluchten-Staudamm

Dieser Staudamm in China ist der größte der Welt. Er ist 2,3 km breit und 192 m hoch und wurde 2006 fertiggestellt.

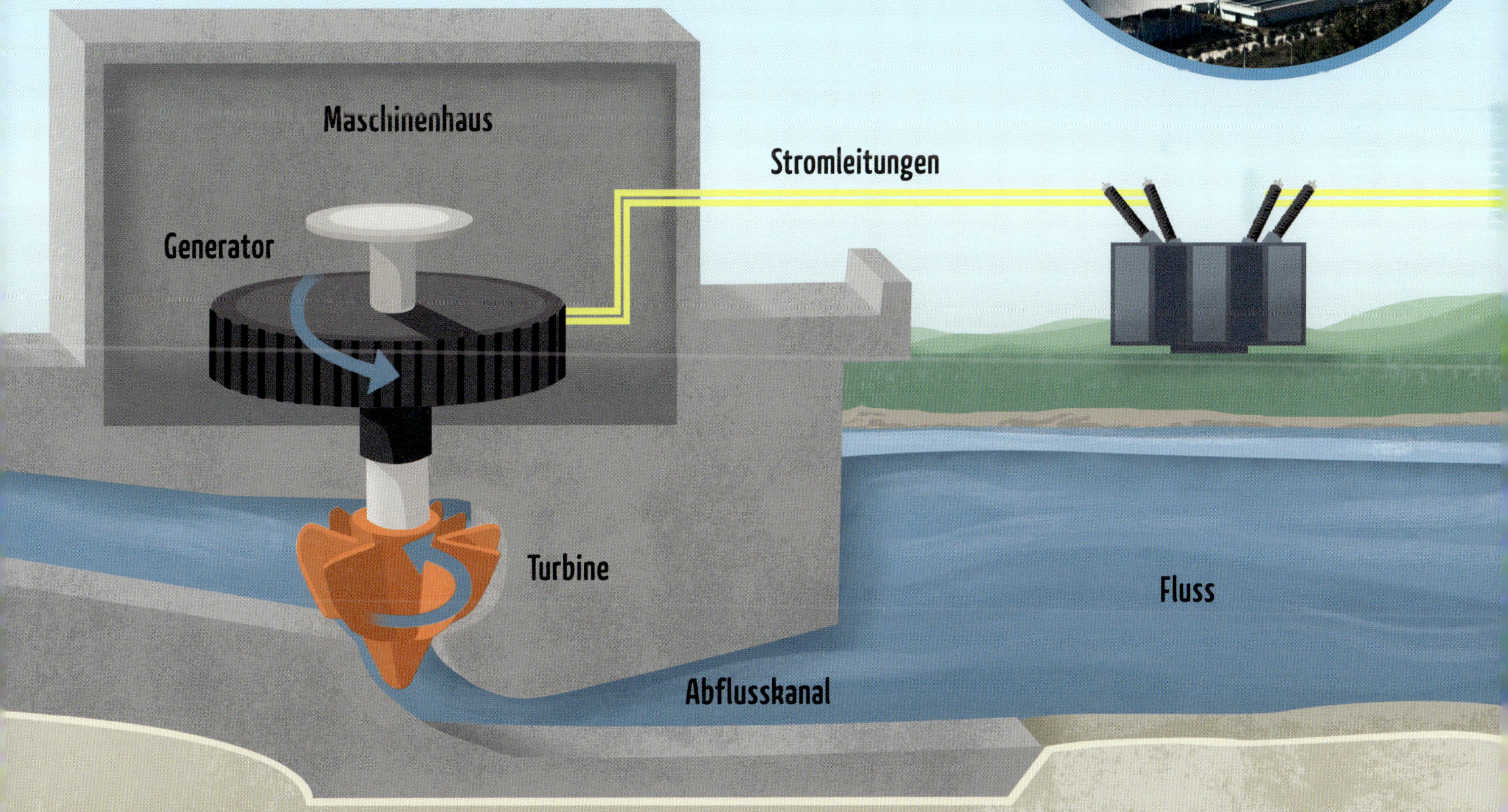

Elektrizität erzeugen Das Wasser trifft auf die Turbine und sorgt dafür, dass sie sich dreht. Die Turbine ist mit einem Generator gekoppelt, der Strom erzeugt. Stromleitungen leiten ihn weiter.

Das Wasser fließt ab Das Wasser fließt an der Turbine vorbei, durch einen Abflusskanal und zurück in den Fluss. Wo es wieder herausströmt, fließt es sehr schnell.

Bewässerung

In vielen Regionen kann man sich nicht darauf verlassen, dass ausreichend Regen fällt, deshalb müssen dort die Nutzpflanzen künstlich bewässert werden. Die ersten Bewässerungssysteme wurden vor 6000 Jahren in Asien und im Nahen Osten erfunden. Heute gibt es viele verschiedene Systeme, die für gute Ernten sorgen. Wegen der Klimakrise werden wir in Zukunft in vielen Gegenden neue Bewässerungssysteme brauchen.

Wasserspeicher

In einigen Farmen gräbt man Brunnen bis zum Grundwasser tief unter der Erdoberfläche. Anderswo wird Wasser in riesigen Becken oder Tanks gesammelt.

Sprinkleranlagen

Wasser wird in Rohre gepumpt, die zu Sprinkleranlagen führen. Sie sprühen kleine Tröpfchen auf die Pflanzen. Man kann die Sprinkleranlage fest montieren oder auf einem Gerüst mit Rädern über das Feld bewegen.

Filter und Pumpen

Wasser fließt vom Speicher in einen Tank mit einem Filter. Schmutz und Algen bleiben im Sand zurück und das saubere Wasser wird in die Rohre des Bewässerungssystems gepumpt.

Tropfen für Tropfen

Bei der Tröpfchenbewässerung verlaufen dünne Rohre in Reihen. Durch kleine Löcher in den Rohren fließt das Wasser zu den Wurzeln der Pflanzen. Bei einem solchen System geht nur wenig Wasser verloren.

Oberflächenbewässerung

Für Felder, die an einem Hang liegen, reichen oft einfache Bewässerungssysteme aus, wie kleine, schmale Kanäle zwischen den Saatreihen. Wegen der Schwerkraft fließt das Wasser von oben nach unten zu allen Pflanzen.

Genaue Messungen

Drohnen fliegen über die Farmen und messen mit Sensoren, wie trocken und warm es auf den Feldern ist. So wird die Bewässerung genau auf das Wetter abgestimmt.

Diese runden Felder werden in Colorado (USA) mit Sprinkleranlagen bewässert.

70 Prozent des Süßwassers, das wir verwenden, brauchen wir zur Bewässerung von Nutzpflanzen und für die Nutztiere.

Runde Felder

Diese großen Sprinkleranlagen werden von Elektromotoren angetrieben. Ein Schwenkarm ist auf einer Seite befestigt und bewässert ein rundes Feld. Das kann 12 bis 21 Stunden dauern.

Ein solches rundes Feld hat etwa 800 bis 1000 m Durchmesser.

Wasser im Haus

Im Haus benötigen wir jeden Tag Wasser zum Trinken sowie zum Waschen, Kochen und Putzen. Ein System aus Rohrleitungen bringt das Wasser dorthin, wo wir es brauchen, von der Spüle in der Küche bis zur Toilette. Das verbrauchte Wasser wird abtransportiert.

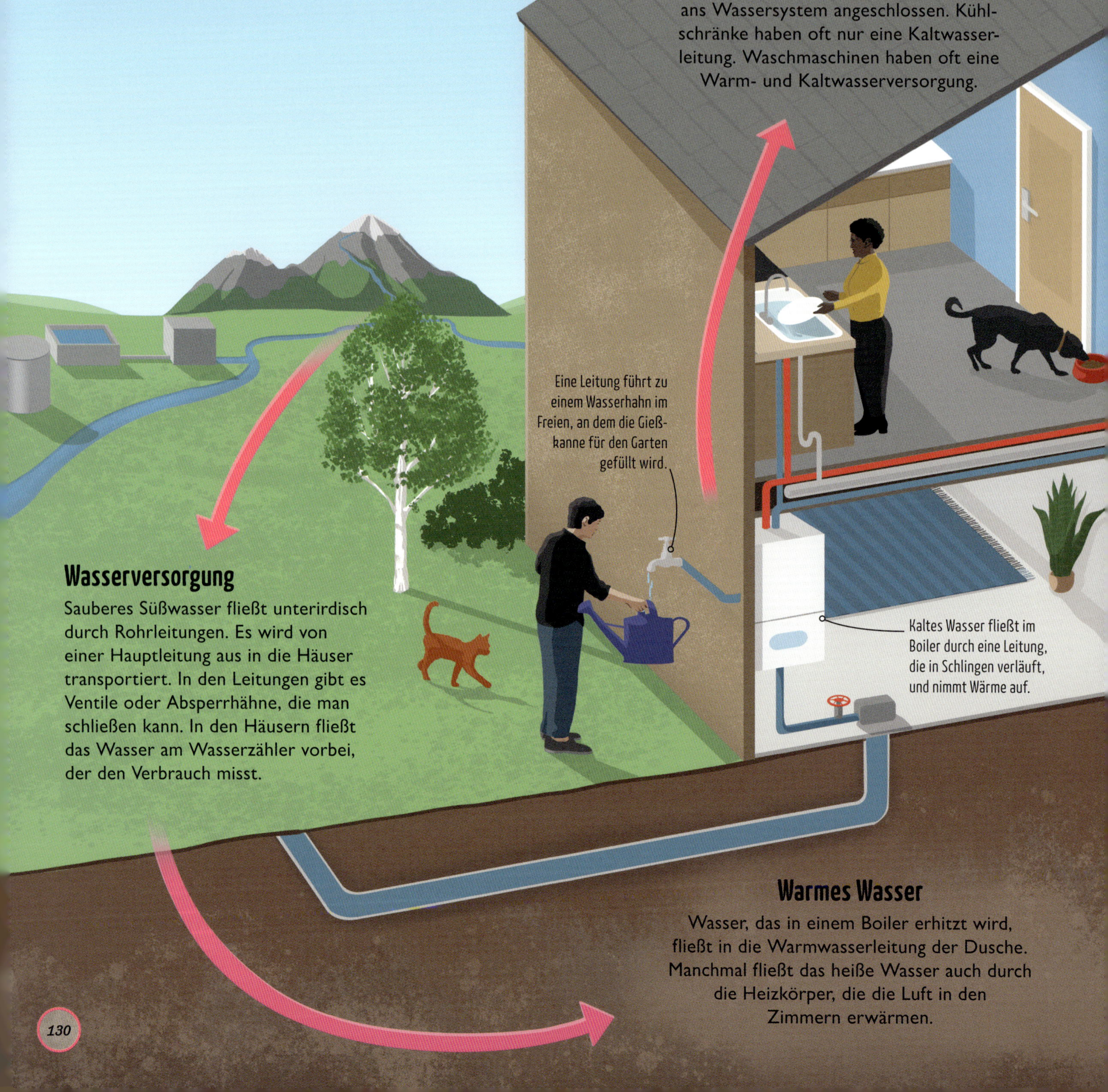

Wasserleitungen

Ins Spülbecken können wir heißes oder kaltes Wasser laufen lassen. Einige Haushaltsgeräte wie Geschirrspülmaschinen sind mit eigenen Leitungen ans Wassersystem angeschlossen. Kühlschränke haben oft nur eine Kaltwasserleitung. Waschmaschinen haben oft eine Warm- und Kaltwasserversorgung.

Wasserversorgung

Sauberes Süßwasser fließt unterirdisch durch Rohrleitungen. Es wird von einer Hauptleitung aus in die Häuser transportiert. In den Leitungen gibt es Ventile oder Absperrhähne, die man schließen kann. In den Häusern fließt das Wasser am Wasserzähler vorbei, der den Verbrauch misst.

Warmes Wasser

Wasser, das in einem Boiler erhitzt wird, fließt in die Warmwasserleitung der Dusche. Manchmal fließt das heiße Wasser auch durch die Heizkörper, die die Luft in den Zimmern erwärmen.

Beim Duschen verbrauchen wir pro Minute ungefähr 15 Liter Wasser.

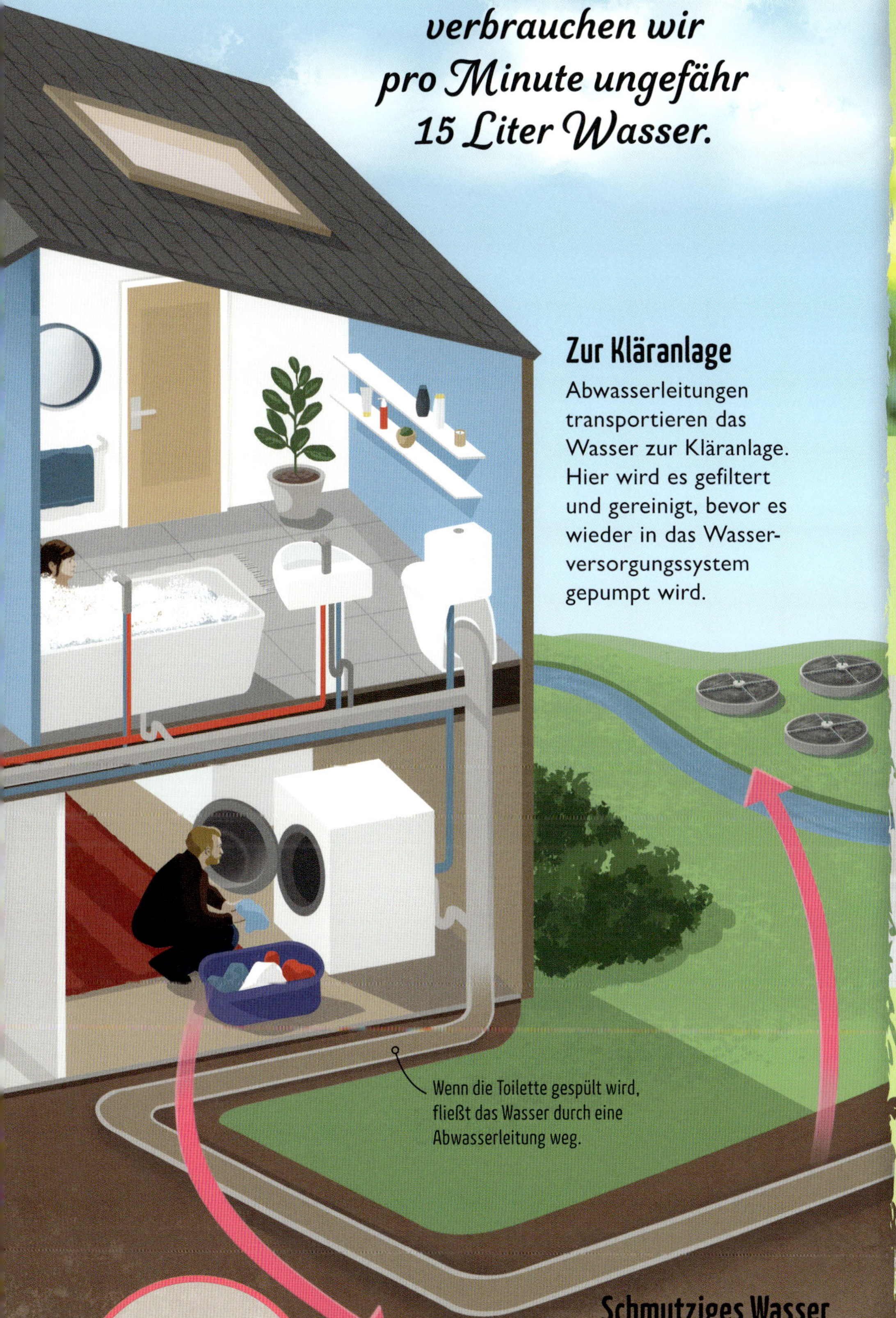

Zur Kläranlage

Abwasserleitungen transportieren das Wasser zur Kläranlage. Hier wird es gefiltert und gereinigt, bevor es wieder in das Wasserversorgungssystem gepumpt wird.

Schmutziges Wasser

Ein System von Abwasserleitungen transportiert das verschmutzte Wasser wieder fort. Es gelangt aus den Häusern in das öffentliche Abwassersystem.

Mehr erfahren
Finde heraus, wie Felder und Nutzpflanzen-Plantagen bewässert werden (S. 128–129).

Wasserverschwendung 800 Millionen Menschen haben keinen Zugang zu sauberem Wasser, während in den Häusern in wohlhabenden Gegenden viel Wasser verschwendet wird. Ein einziger tropfender Wasserhahn kann pro Jahr mehr als 5000 Liter Trinkwasser verschwenden.

Wasser sparen Durch einen Wasserhahn fließen pro Minute 5 bis 20 Liter Wasser. Wenn wir ihn zudrehen, während wir die Zähne putzen, und statt einem Gartenschlauch Gießkannen verwenden, sparen wir viel Wasser.

Regenwasser sammeln In manchen Häusern wird Wasser wiederverwertet. Regenwasser, das vom Dach fließt, wird in Behältern gesammelt, um damit den Garten zu gießen oder auch die Toilette zu spülen.

Abwasser

Wir verbrauchen jeden Tag Wasser. Aber hast du dich schon einmal gefragt, wo es hinfließt, wenn es schmutzig ist? Im Abwassersystem wird schmutziges Wasser aus den Häusern und anderen Gebäuden zu einer Kläranlage geleitet, wo es gereinigt wird, bevor es wieder in einen Fluss oder ins Meer gelangt.

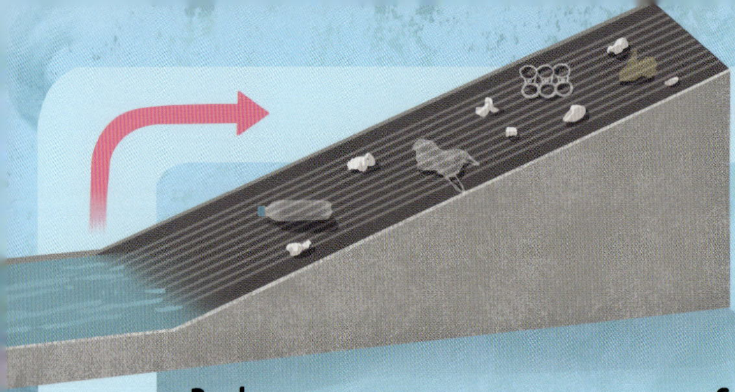

Rechen

Wenn das schmutzige Wasser in die Kläranlage gelangt, durchläuft es mehrere Stadien der Reinigung. Erst wird es durch einen Rechen geleitet, an dem große Abfälle hängen bleiben, wie Plastiktüten oder Windeln.

Schmutz

Dann fließt das Wasser in ein tiefes Becken. Große Bestandteile wie Kot sinken auf den Grund, wo sich Schlamm bildet. Er wird abtransportiert und zu Dünger verarbeitet oder in einer Verbrennungsanlage in Energie umgewandelt.

Verschmutztes Wasser

Das Wasser fließt durch Rohre, die mit den Abwasserleitungen verbunden sind. Das Abwassersystem transportiert das schmutzige Wasser zur Kläranlage, wo es gereinigt wird.

Beim Spülen der Toilette gelangt das Abwasser in einem Rohr nach unten, das mit einem größeren Rohr in Verbindung steht.

Mehr erfahren

Sieh selbst, wie Wasser durch ein Haus geleitet wird (S. 130–131).

Klärschlamm Der Schlamm, der sich im Klärbecken abgesetzt hat, kann nach einer Spezialbehandlung als Dünger verwendet werden. In großen Tanks wird er von Bakterien aufgebrochen. Dann trocknet man ihn und stellt Pellets her, die auf den Feldern verteilt werden.

Fleißige Bakterien

Wenn der Schlamm entfernt wurde, fließt das Wasser in andere Becken. In ihnen leben Milliarden Bakterien, die die restlichen Abfallstoffe im Wasser zersetzen. Luft wird in das Wasser geblasen, damit die Bakterien sich gut vermehren können.

Filtration

Das Wasser wird über einem Sand- oder Kiesbett versprüht, in dem es gefiltert wird. Auch hier leben unzählige Bakterien, die sich von Abfallstoffen ernähren.

Letzte Reinigung

Jetzt ist das Wasser fast sauber. Es durchläuft in einem Becken einen letzten Schritt: Hier sinken die restlichen festen Teilchen auf den Boden.

Zurück in den Fluss

Jetzt ist das Wasser sauber. Man leitet es in einen Fluss oder ins Meer, und irgendwann wird es wieder von Menschen verwendet.

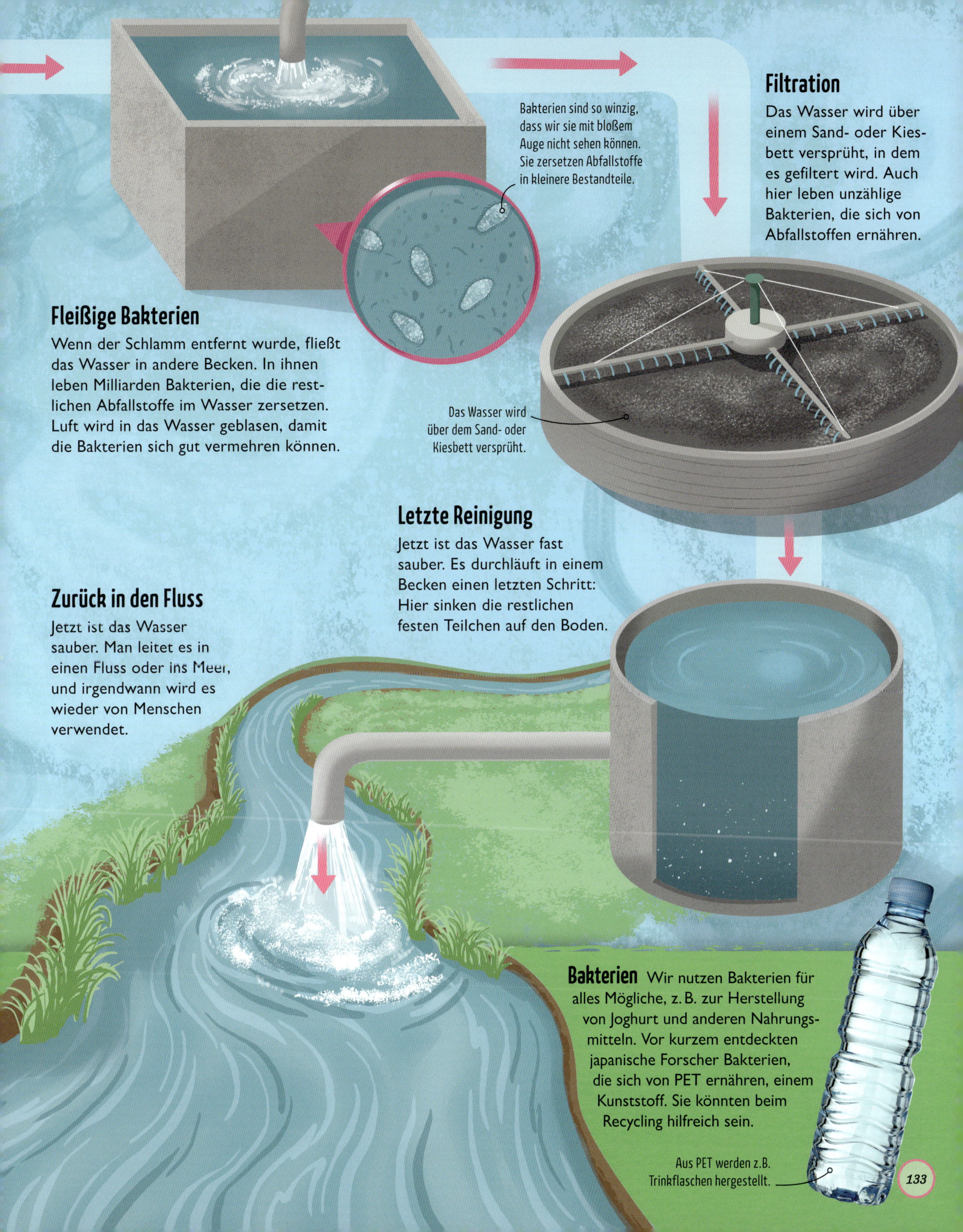

Bakterien Wir nutzen Bakterien für alles Mögliche, z. B. zur Herstellung von Joghurt und anderen Nahrungsmitteln. Vor kurzem entdeckten japanische Forscher Bakterien, die sich von PET ernähren, einem Kunststoff. Sie könnten beim Recycling hilfreich sein.

Im Wolkenkratzer

In vielen Städten auf der Erde gibt es unglaublich hohe Wolkenkratzer. Der höchste ist der Burj Khalifa in Dubai, der 828 Meter hoch aufragt. Er ist fast doppelt so hoch wie das Empire State Building in den USA und hat 160 Stockwerke, in denen Menschen leben und arbeiten. Im Gebäude können sich bis zu 10 000 Leute aufhalten. Unglaubliche Wassermengen werden in alle Teile des Gebäudes transportiert.

Im Burj Khalifa werden täglich im Durchschnitt 946 000 Liter Wasser verbraucht. Damit könnte man etwa 6000 Badewannen füllen

Die Leitungssysteme

212 km lange Rohrleitungen versorgen ein Löschwassersystem mit 43 000 Sprinkleranlagen und 33,6 km lange Rohre befördern kaltes Wasser, das die Räume kühlt. Beide Systeme werden mit getrennten Pumpen betrieben und sind nicht mit dem normalen Wasserversorgungssystem verbunden.

Für die fünf Schwimmbecken im Gebäude wird sehr viel Wasser benötigt.

Versorgungsbereiche

Das Wasser eines Tanks versorgt eine bestimmte Anzahl von Stockwerken über und unter dem Tank. Druckerhöhungspumpen befördern Wasser nach oben in den nächsten Tank.

Die Abflussrohre der Toiletten und Waschbecken sind schalldicht, sodass die Menschen das Wasser nicht rauschen hören.

Kondenswasser Die Luft im Burj Khalifa ist kühler als die heiße, feuchte Luft draußen. Deshalb kondensiert der Wasserdampf in der Luft an den Glasfenstern des Gebäudes. Etwa 68 Mio. Liter Kondensationswasser bilden sich hier pro Jahr. Ein großer Teil wird in einem Leitungssystem gesammelt, das in einen großen Tank in der Tiefgarage des Gebäudes mündet. Es gelangt zu den Springbrunnen und Wassergärten, die um den Wolkenkratzer herum angelegt wurden.

Wassertanks auf dem Dach

Beim Bau der ersten Hochhäuser wurden noch große Tanks auf den Dächern installiert. Mit Motoren betriebene Pumpen beförderten das Wasser von unten durch das ganze Gebäude bis ganz nach oben. Von dort floss es dann durch Leitungen abwärts zu den Orten, an denen es gebraucht wurde.

Zwischentanks

Wasser wird in mehreren Schritten ins Gebäude gepumpt. Es fließt in riesige Wassertanks. Im Burj Khalifa gibt es vier Tanks: im 73. bis 75. Stockwerk, im 109. bis 111. Stockwerk, im 136. bis 138. Stockwerk und im 155. bis 156. Stockwerk. Jeder Tank fasst 900 000 Liter Wasser.

Pumpen

Das Hauptversorgungssystem steht unter einem so hohen Druck, dass das Wasser eine kurze Strecke nach oben gepresst wird. Mehrere starke Pumpen erledigen den Rest. Sie erzeugen etwa das 30-fache des Drucks, den die Atmosphäre auf die Erde ausübt.

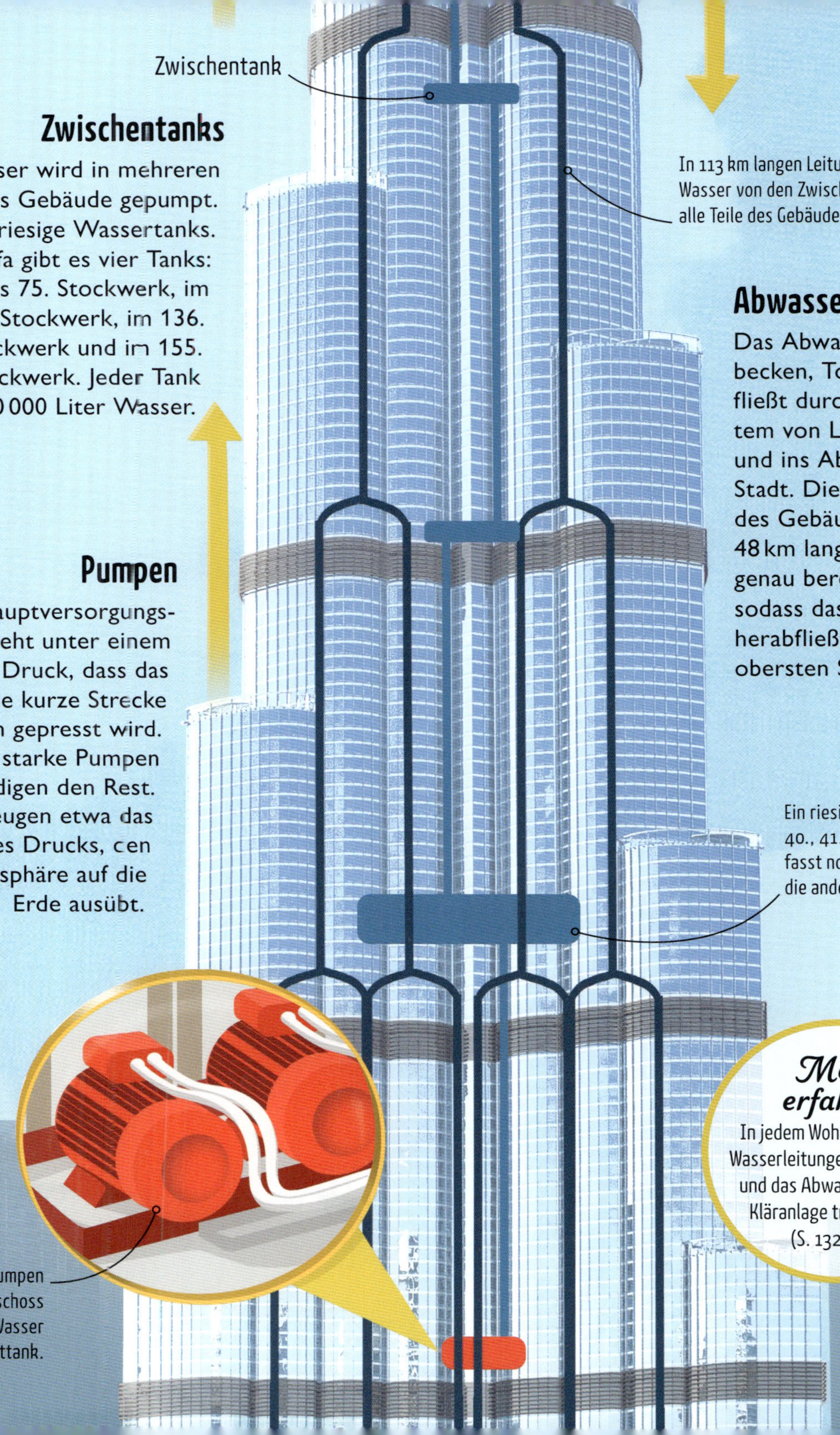

Abwasser

Das Abwasser der Waschbecken, Toiletten und Duschen fließt durch ein getrenntes System von Leitungen nach unten und ins Abwassersystem der Stadt. Die Abwasserleitungen des Gebäudes sind insgesamt 48 km lang. Viele verlaufen in genau berechneten Kurven, sodass das Abwasser langsam herabfließt, vor allem aus den obersten Stockwerken.

Mehr erfahren

In jedem Wohnhaus gibt es Wasserleitungen (S. 130–131) und das Abwasser wird zur Kläranlage transportiert (S. 132–133).

Im Weltall

Die Internationale Raumstation (ISS) ist ein Forschungslabor im Weltraum, in dem sich sechs Astronautinnen und Astronauten gleichzeitig aufhalten können. Sie müssen mit allem Lebensnotwendigen versorgt werden und dazu gehört auch Wasser. Da dies teuer ist, wird es sehr sparsam genutzt und immer wieder aufbereitet.

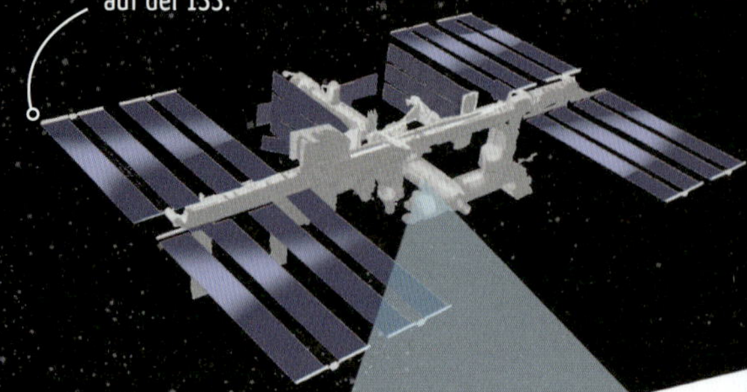

Weltraumtoilette

Es ist nicht einfach, im Weltraum auf die Toilette zu gehen. Die Besatzung muss trainieren, eine sehr spezielle Toilette zu benutzen, die alle Flüssigkeiten auffängt.

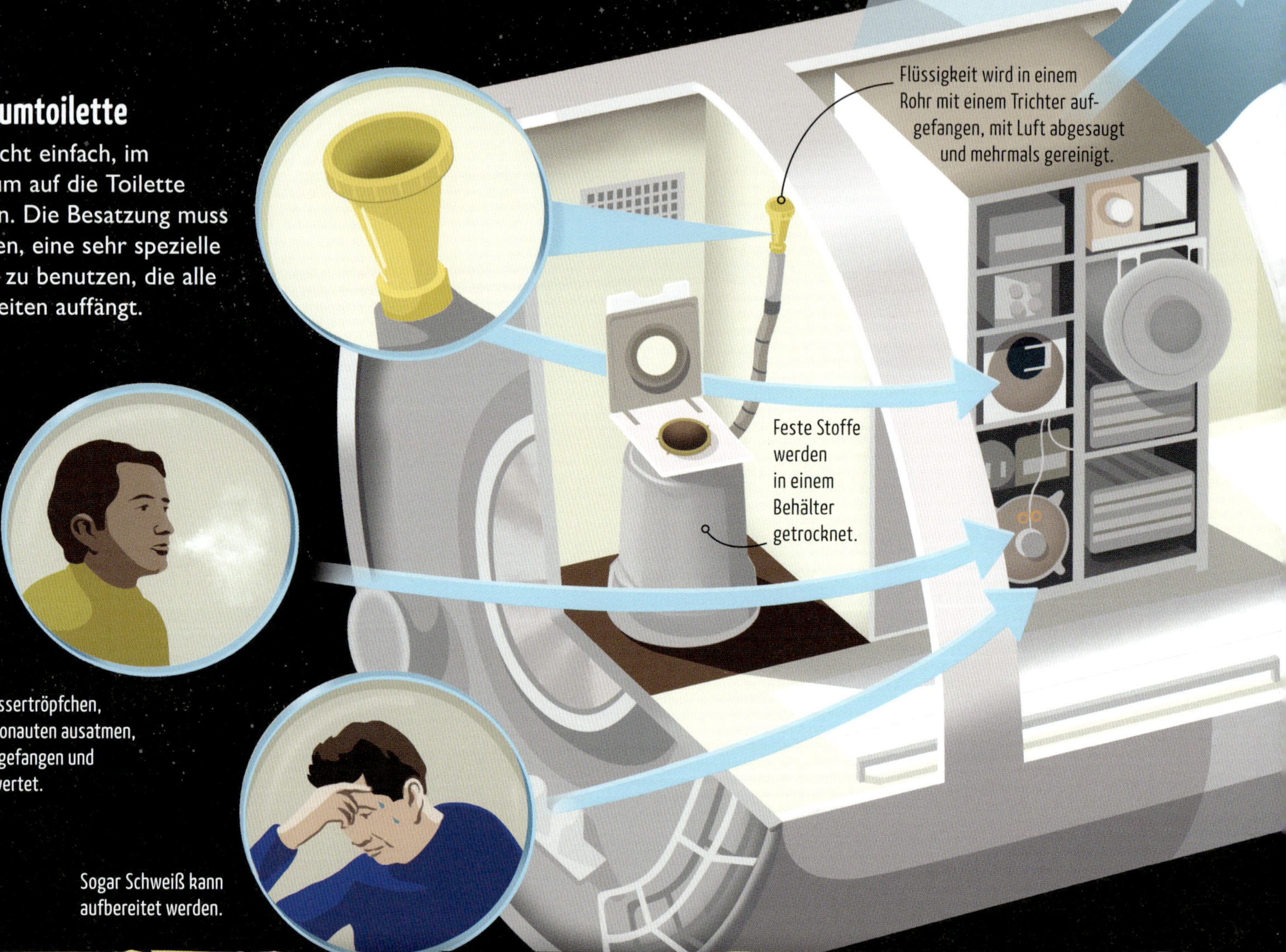

Keine Weltraumdusche

Es gibt keine Dusche in der ISS. Die Wassertropfen würden in alle Richtungen schweben und Probleme bereiten. Die Astronautinnen benutzen deshalb flüssige Seife, feuchte Tücher und Trockenshampoo.

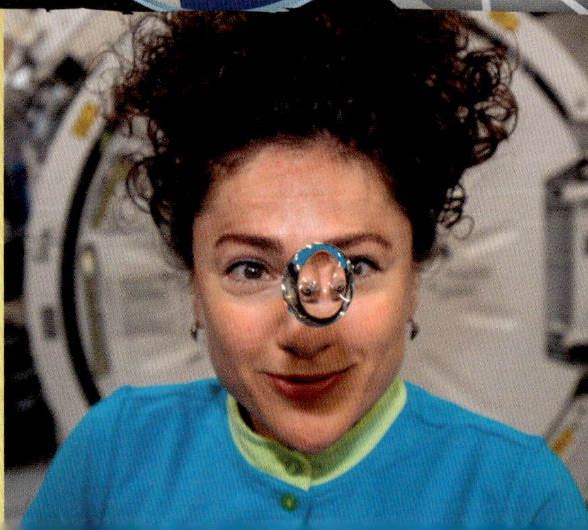

Verbesserungen

Das System zur Wasseraufbereitung wird zurzeit verbessert und auch die Weltraumtoilette soll bald durch ein neues Modell ersetzt werden.

Urin-Recycling

Bevor man den Urin zusammen mit dem gesammelten Wasser reinigen kann, kommt er in eine spezielle Vorrichtung, die Feststoffe entfernt.

Der Urin wird mehrmals erhitzt und wieder abgekühlt. Bei dieser Destillation werden Salze entfernt.

Die Flüssigkeit wird in einer Reinigungspumpe gekühlt und unerwünschte Gase werden entfernt.

Weitere Reinigung

Nachdem der Urin aufbereitet wurde, kann man ihn mit anderen gesammelten Abwässern weiter reinigen. Das Wasser wird mehrfach getestet, bevor die Astronauten es erneut verwenden.

Trinkwasser

Bevor die Menschen im Weltall das Wasser trinken können, wird seine Qualität geprüft. Wenn sie nicht gut genug ist, durchläuft es den gesamten Prozess noch einmal.

Erst werden Mikroben aus dem Wasser entfernt. Dann werden alle Reststoffe herausgefiltert.

Das Wasser fließt durch Filterbecken, in denen unerwünschte Chemikalien entfernt werden. Danach wird es erhitzt und mit Sauerstoff versetzt. Dabei werden organische chemische Stoffe beseitigt.

Wenn es das System durchlaufen hat, ist das Wasser sauberer als das Wasser, das aus unseren Wasserhähnen kommt.

Mehr erfahren

Lies nach, wie in einem Wasserkraftwerk Elektrizität erzeugt wird (S. 126–127).

Tüten mit Strohhalmen

Die Astronauten trinken aus Tüten, die sich immer wieder befüllen lassen. Sie haben Strohhalme mit Ventilen. Würde man das Wasser im All in ein Glas füllen, würde es sich selbstständig machen.

Glossar

Algen Pflanzenähnliche Lebewesen, die mit der Energie des Sonnenlichts ihre eigenen Nähr- und Baustoffe herstellen.

Amphibien Wechselwarme Tiere, die Luft atmen und eine feuchte Haut haben. Die meisten Arten entwickeln sich aus Larven, die im Wasser leben und ihren Körper vollständig umwandeln, wenn sie an Land gehen. Frösche und Molche sind z. B. Amphibien.

Archaeen Eine Urform der Lebewesen, die aus einer Zelle ohne Zellkern besteht.

Atmosphäre Die Luftschicht, die den Planeten Erde umgibt.

Atome Winzige Bestandteile der Materie.

Außenskelett Eine Struktur, die den Körper stützt und schützt.

Aussterben Wenn das letzte Tier einer bestimmten Art gestorben ist, ist diese Art für immer von der Erde verschwunden.

Bakterien Einzellige Mikroben, die nützlich oder schädlich sein können.

Balz Ein Verhalten, bei dem eine Bindung zwischen einem Männchen und einem Weibchen geschaffen wird.

Befruchtung Wenn eine männliche Fortpflanzungszelle (Spermium) in eine weibliche Fortpflanzungszelle (Eizelle) eindringt und mit ihr verschmilzt, findet eine Befruchtung statt.

Beute Ein Tier, das von einem anderen Tier getötet und gefressen wird.

Biolumineszenz Wenn Lebewesen fähig sind, selbst Licht zu erzeugen.

Canyon Ein tiefes Tal mit steilen Hängen oder eine lange Schlucht.

Chlorophyll Grüner Farbstoff, mit dem Pflanzen die Energie des Sonnenlichts für die Fotosynthese auffangen.

Dialekt Die typische Ausdrucksweise in einer bestimmten Region.

Dichte Der Anteil der Materie in einem Raum mit einem bestimmten Rauminhalt (Volumen).

Eier Befruchtete weibliche Eizellen entwickeln sich zu neuen Lebewesen. Bei einigen Tieren entwickeln sich die Eizellen im Körper der Mutter, andere Arten legen Eier ab, die sich außerhalb des Körpers entwickeln.

Embryo Ein frühes Entwicklungsstadium eines Tiers oder einer Pflanze.

Erdkruste Die Schicht aus festen Gesteinen, die die Erdkugel umgibt.

Erdmantel Die dicke Gesteinsschicht zwischen der Erdkruste und dem Kern.

Erosion Der Vorgang, bei dem Sedimente, die durch Verwitterung entstehen, von Wind, Wasser oder einem Gletscher forttransportiert werden.

Fortpflanzung Wenn Lebewesen Nachwuchs bekommen.

Fortpflanzungszellen Zellen, die entweder männlich (Spermien) oder weiblich (Eizellen) sind und zur Fortpflanzung dienen.

Fotosynthese Bei diesem Prozess stellen Pflanzen und Algen mithilfe der Energie des Sonnenlichts aus Wasser und Kohlendioxid ihre eigenen Nähr- und Baustoffe her.

Galaxie Ansammlung von Sternen sowie Staub- und Gaswolken, die von Schwerkraft zusammengehalten wird.

Gebärmutter In diesem Organ des weiblichen Körpers entwickelt sich ein junges Tier, bis es geboren wird.

gefährdet Gefährdete Tierarten könnten ohne Schutz bald aussterben.

geschlechtliche Fortpflanzung Bei dieser Art der Fortpflanzung wird eine Eizelle von einem Spermium befruchtet.

Hormone Chemische Botenstoffe, die von Drüsen ins Blut abgegeben werden.

Kiemen Federartige Strukturen am oder im Körper von Tieren, über die sie Sauerstoff aus dem Wasser aufnehmen.

Kolonie Wenn Lebewesen, die derselben Art angehören, gemeinsam leben, bilden sie eine Kolonie.

Kondensation Der Übergang von Wasser vom gasförmigen in den flüssigen Zustand.

Kontinent Eine der großen Landmassen der Erde.

Larve Ein junges Tier, das ganz anders aussieht als seine Eltern.

Lava Eine heiße Gesteinsschmelze, die an der Erdoberfläche austritt.

Lebensraum Das typische Gebiet, in dem ein Tier oder eine Pflanze lebt und das ihm Nahrung, Wasser und Schutz bietet.

Magma Die heiße Gesteinsschmelze unter der Erdoberfläche.

magmatische Gesteine Diese Gesteine bilden sich, wenn heißes Magma abkühlt und fest wird.

metamorphe Gesteine Diese Gesteine bilden sich tief in der heißen Erdkruste bei hohem Druck aus anderen Gesteinen.

Metamorphose Eine starke Verwandlung des Körpers im Lauf des Lebens. Amphibien und Insekten durchlaufen eine Metamorphose.

Mikroben Winzige Lebewesen wie z.B. Bakterien.

Nährstoffe Lebewesen brauchen Nährstoffe, um wachsen zu können.

Osmose Wenn sich Wasser durch eine Membran von einem Ort niedriger zu einem Ort höherer Konzentration bewegt.

Paarung Bei der geschlechtlichen Fortpflanzung paaren sich ein Männchen und ein Weibchen, sodass die Spermien des Männchens die Eizellen des Weibchens befruchten können.

Pangäa Dieser Superkontinent existierte vor etwa 320 bis 200 Millionen Jahren und brach danach in kleinere Kontinente auf.

Parasit Ein Lebewesen, das in oder auf einem anderen Lebewesen lebt und sich von ihm ernährt. Dabei schädigt es seinen Wirt.

Phloem Der Teil der Leitungsbündel in Pflanzen, in dem die Nährstoffe aus den Blättern in alle anderen Teile transportiert werden.

Räuber Ein Tier, das andere Tiere tötet, um sich von ihnen zu ernähren.

Reptilien Wechselwarme Wirbeltiere mit Schuppen, wie Schlangen oder Eidechsen. Reptilien haben Lungen und atmen Luft.

Revier Ein Gebiet, das Tiere gegen Rivalen verteidigen, weil sie dort Nahrung finden und Junge großziehen.

Salzwasser In den Meeren und Ozeanen ist das Wasser salzhaltig.

Samen In einem Samen befindet sich ein Pflanzenembryo und ein Nährstoffvorrat.

Säugetiere Gleichwarme Wirbeltiere, die Haare oder ein Fell haben. Die Mutter säugt die Jungen mit Milch.

Schule So nennt man die Gruppen, die Wale und Delfine bilden.

Schwärme Große Gruppen aus sehr vielen Fischen oder anderen Tieren, die gemeinsam unterwegs sind.

Schwerkraft Diese Kraft ist die Ursache dafür, dass Gegenstände auf der Erde zu Boden gezogen werden.

Sedimente Kleine Gesteinsstückchen, Überreste von Lebewesen oder auch chemische Ablagerungen am Grund von Seen, Flüssen und Meeren.

Sedimentgesteine Gesteine, die sich aus Sedimenten gebildet haben. Die Sedimentschichten wurden dabei im Lauf der langen Erdgeschichte verdichtet und hart.

Spermium Eine männliche Geschlechtszelle.

Sporen Pilze und einige Pflanzen wie Moose und Farne bilden winzige Sporen, aus denen sich neue Pilze oder Pflanzen entwickeln können.

Stachelhäuter Zu dieser Gruppe wirbelloser Meerestiere gehören z. B. die Seeigel und die Seesterne.

Süßwasser Wasser, das nicht salzhaltig ist.

tektonische Platten Aus diesen riesigen Platten besteht die feste Kruste der Erde.

Trächtigkeit Der Zustand von weiblichen Tieren, in deren Körper sich ein oder mehrere Junge entwickeln.

Transpiration Das Verdunsten von Wasser aus den Blättern einer Pflanze.

ungeschlechtliche Fortpflanzung Bei dieser Art der Fortpflanzung findet keine Befruchtung statt, sodass keine zwei Geschlechter notwendig sind, um Nachwuchs zu bekommen.

Verdunstung Der Übergang von Wasser vom flüssigen in den gasförmigen Zustand.

Verwitterung Der Vorgang, bei dem Gesteine und Mineralien im Lauf der Zeit zerkleinert werden, sodass daraus Sedimente entstehen.

Wanderung Eine alljährliche Reise, die ein Tier unternimmt, um in einem anderen Gebiet Nahrung zu suchen oder Nachwuchs zu bekommen.

Wasserdampf Wasser im gasförmigen Zustand.

wechselwarm Tiere, deren Körpertemperatur sich der Temperatur ihrer Umgebung anpasst.

wirbellose Tiere Tiere ohne Wirbelsäule und ohne Skelett aus Knochen.

Wirbeltiere Tiere mit einer Wirbelsäule und einem Skelett aus Knochen.

Wirt Ein Lebewesen, von dem sich ein Parasit ernährt.

Xylem Der Teil der Leitungsbündel in Pflanzen, in dem das Wasser von den Wurzeln in die Blätter transportiert wird.

Zellen Aus diesen winzigen Bausteinen sind alle vielzelligen Lebewesen aufgebaut.

Zilien Winzige Härchen, mit denen sich Kleinstlebewesen fortbewegen, z. B. manche Larven im Wasser.

Register

Dank und Bildnachweis

Der Verlag dankt folgenden Personen und Institutionen für die freundliche Genehmigung zum Abdruck von Fotos:

(Abkürzungen: o = oben; u = unten; m = Mitte; g = ganz; l = links; r = rechts)

6 Dreamstime.com: Paop (ul). **6–7 123RF.com:** Polsin Junpangpen. **7 Alamy Stock Photo:** ACORN 1 (mo); Nature Picture Library / SCOTLAND: The Big Picture (ul). **Dreamstime.com:** Flatbox2 (ml); Okea (ur). **naturepl.com:** Jussi Murtosaari (gom). **8–9 123RF.com:** Polsin Junpangpen. **9 NASA:** Goddard Space Flight Center Scientific Visualization Studio (mro). **10–11 123RF.com:** Polsin Junpangpen. **14–15 123RF.com:** Polsin Junpangpen. **14 123RF.com:** nasaimages (gor). Dreamstime.com: Leonidtit (ml); Mike Ricci (mru); Phanuwatn (ur). Getty Images / iStock: PongMoji (mlu). **15 123RF.com:** Anna Yakimova (mu). Alamy Stock Photo: Frans Lemmens (mlo). **Dreamstime.com:** Bidouze St¥Ë_phane (mru). **Getty Images / iStock:** Ray Hems (gor); phototropic (um). **16 Getty Images / iStock:** Photon-Photos (mu). **17 Alamy Stock Photo:** Stocktrek Images, Inc. / Walter Myers (mu). **18 Getty Images / iStock:** mdesigner125 (um). **19 Dreamstime.com:** Gino Rigucci (ul). **Shutterstock.com:** Pike-28 (ur). **20 Dreamstime.com:** Parin Parmar (mro). **21 Dreamstime.com:** Jarosław Janczuk (gom); Lesley Mcewan (mlu); New Person (mro). **23 Alamy Stock Photo:** Paul Wood (ur). **Getty Images:** Jose Jimenez (mro). **NOAA:** (mu). **25 123RF.com:** Andrew Mayovskyy / jojjik (mro). **Getty Images:** E+ / ra-photos (ur). © **Jenny E. Ross:** (mru). **27 Dreamstime.com:** Tomas Griger (ur). **Getty Images:** Michele Falzone (mru). **naturepl.com:** Doug Allan (mro). **29 Depositphotos Inc:** MyGoodImages (gor). **Shutterstock.com:** Eva Mont (mru). **30 Depositphotos Inc:** ilfede (um). **30–31 Alamy Stock Photo:** Gerner Thomsen (um). **31 Dreamstime.com:** Igor Groshev / Igorspb (um). **33 Alamy Stock Photo:** Jerónimo Alba (mru); Peter Adams Photography (mro); Nature Picture Library / Anup Shah (ur). **35 Alamy Stock Photo:** Rupesh Sethi (mru); Tom Till (mro). **Dreamstime.com:** Jon Helgason (ur). **36 NASA:** Jacques Descloitres, MODIS Rapid Response Team / GSFC (ul). **36–37 Shutterstock.com:** Deni_Sugandi (um). **37 Alamy Stock Photo:** ARCTIC IMAGES / Ragnar Th. Sigurdsson (um). **39 Dreamstime.com:** Javarman (gor). **NASA:** Goddard Space Flight Center Scientific Visualization Studio (mro). **40 Getty Images / iStock:** abriendomundo (ul). **41 Alamy Stock Photo:** Robertharding / Christian Kober (ur). Fotolia: Yong Hian Lim (ul). **42 Dreamstime.com:** Raldi Somers / Raldi (ul). **42–43 Dreamstime.com:** Martin Schneiter (um). **43 123RF.com:** Yongyut Kumsri (um). **44 Getty Images / iStock:** andrej67 (ur). **45 Getty Images / iStock:** RyuSeungil (ul). **46 Shutterstock.com:** EPA-EFE / Darren Pateman (ml). **47 Alamy Stock Photo:** Husky29 (ul); mauritius images GmbH / Reinhard Dirscherl (mr). **51 NOAA:** Mountains in the Sea Research Team; the IFE Crew; und NOAA / OAR / OER. (mru); Pacific Ring of Fire 2004 Expedition. NOAA Office of Ocean Exploration; Dr. Bob Embley, NOAA PMEL, Chief Scientist. (gor). **54 Alamy Stock Photo:** Nigel Cattlin (ul). **Getty Images / iStock:** alexei_tm (mlo). **54–55 123RF.com:** Polsin Junpangpen. **55 Alamy Stock Photo:** Nigel Cattlin (mru). **Getty Images / iStock:** alexei_tm (mro). **57 Alamy Stock Photo:** mediasculp (gor). **Getty Images / iStock:** E+ / apomares (ur). **58 Robert Harding Picture Library:** Okapia / Hermann Eisenbeiss (mo). **59 Alamy Stock Photo:** Avalon.red / Oceans Image (mru); imageBROKER / Siegfried Grassegger (gor); PF-(usna1) (mo). **naturepl.com:** Pete Oxford (um). SuperStock: Minden Pictures (mlu). **60 Getty Images / iStock:** E+ / chee gin tan (um). **60–61 Getty Images / iStock:** Rodrusoleg (um). **61 Shutterstock.com:** Maximumm (ur). **63 Dreamstime.com:** Liliia Khuzhakhmetova (ur). **naturepl.com:** Simon Colmer (gor); David Shale (mr). **64 Alamy Stock Photo:** Andrew DuBois (mru). **naturepl.com:** Michael & Patricia Fogden (mlo). **SuperStock:** Minden Pictures / Buiten-beeld / Chris Stenger (gor). **65 Dreamstime.com:** Igor Kovalchuk (mo). **naturepl.com:** Melvin Grey (mro). **66 Dreamstime.com:** Björn Wylezich (mu). **66-67 123RF.com:** Balash Mirzabey (um). **67 Dreamstime.com:** Valmedia Creatives (ur). **70–71 123RF.com:** Polsin Junpangpen. **70 123RF.com:** Marc Henauer (gor). **Alamy Stock Photo:** Wildestanimal (ml). Dreamstime.com: Aquanaut4 (mlu). **Getty Images:** Roland Birke (mru). **naturepl.com:** Fred Bavendam (ur). **71 Alamy Stock Photo:** Andrey Nekrasov (ur); WaterFrame_fba (mlo). **Dreamstime.com:** Steven Melanson / Xscream1 (gor). **naturepl.com:** Doug Allan (mro). **Shutterstock.com:** Arm001 (mu). **72 Alamy Stock Photo:** BIOSPHOTO / Sergio Hanquet (mu); Paulo Oliveira (ml). **Dreamstime.com:** Vitalyedush (mro). **73 naturepl.com:** Solvin Zankl (mlu). **74 Alamy Stock Photo:** Allstar Picture Library Ltd. (ml). **75 Alamy Stock Photo:** Nature Photographers Ltd / Paul R. Sterry (ml); Martin Shields (mro). **Dreamstime.com:** Photographyfirm (mo). **76 Alamy Stock Photo:** Sabena Jane Blackbird (m). **Dreamstime.com:** Tjkphotography (mlo). **77 Alamy Stock Photo:** John Henderson (mru); R. Kawka (mu). **Getty Images:** Cavan Images (ul). **naturepl.com:** Mark Carwardine (m). **79 Alamy Stock Photo:** Images & Stories (ur); Stephen Frink Collection (gor); Visual&Written SL / KELVIN AITKEN / VWPICS (mru). **81 Alamy Stock Photo:** Nature Picture Library / Franco Banfi (ur); Paulo Oliveira (mro). **82 Alamy Stock Photo:** Buiten-Beeld / Nico van Kappel (um). **82-83 Alamy Stock Photo:** FLPA (um). **83 Getty Images / iStock:** AlbyDeTweede (ur). **naturepl.com:** Robert Thompson (um). **84 Alamy Stock Photo:** blickwinkel / Hartl (mlu). **Dreamstime.com:** Mirkorosenau (mlo). **Science Photo Library:** Eye Of Science (ul). **87 Alamy Stock Photo:** Minden Pictures (mru); Andrey Nekrasov (ur). **naturepl.com:** Gary Bell / Oceanwide (mro). **89 Alamy Stock Photo:** Bazzano Photography (ur); blickwinkel / F. Teigler (mru). **naturepl.com:** Eduardo Blanco (mro). **91 Alamy Stock Photo:** Agefotostock / Georgie Holland (mru); Andrey Nekrasov (mro). **Dreamstime.com:** Selahattin Ünsal Karhan / Porbeagle (ur). **92 Alamy Stock Photo:** imageBROKER / Norbert Probst (ul). **92-93 Alamy Stock Photo:** Michael Patrick O'Neill (um). **93 Alamy Stock Photo:** Water-Frame_fur (ur). **94 Dreamstime.com:** Marc Henauer (ur). **Getty Images / iStock:** E+ / SeppFriedhuber (ul). **95 Getty Images / iStock:** Frankhildebrand (ur). **97 Dreamstime.com:** Michael Valos (ur). **Getty Images:** Sjoerd Bosch (mr). **naturepl.com:** Todd Pusser (mro). **98 Alamy Stock Photo:** Mike Read (ul). **98–99 Alamy Stock Photo:** FLPA / Richard Costin (um). **99 Dreamstime.com:** David Herraez (ur). **100 Dreamstime.com:** Ben Mcleish / Benmm (ul). **101 Dreamstime.com:** Oreena (ul). **naturepl.com:** Jurgen Freund (ur). **102 Alamy Stock Photo:** Nature Picture Library / Claudio Contreras (ur); Scenics & Science (ul). **103 Alamy Stock Photo:** Nature Picture Library (ur). **104 Alamy Stock Photo:** Nature Picture Library (ul). **Shutterstock.com:** SergeUWPhoto (ur). **105 Dreamstime.com:** Shakeelmsm (ul). **106 Alamy Stock Photo:** Reinhard Dirscherl (ul); Fabrice Bettex Photography (ur). **107 Alamy Stock Photo:** Helmut Corneli (ur); National Geographic Image Collection (um). **108 Alamy Stock Photo:** Nature Picture Library / Solvin Zankl (gol). **SuperStock:** Steve Downeranth / Pantheon (gom). **109 Alamy Stock Photo:** Nature Picture Library / Doug Perrine (gor). **Science Photo Library:** Sonke Johnsen / Visuals Unlimited, Inc. gogl). **111 Dorling Kindersley:** Hunterian Museum University of Glasgow (gor). **Getty Images / iStock:** borchee (ur). **112 naturepl.com:** Mike Parry (um). **113 Alamy Stock Photo:** Nature Picture Library / Pete Oxford (ur); RGB Ventures / SuperStock / Scubazoo (ul). **115 Alamy Stock Photo:** blickwinkel / McPHOTO / RMU (ur); Adrian Hepworth (mro); SBS Eclectic Images (mru). **116 naturepl.com:** Piotr Naskrecki (um); Visuals Unlimited (ul). **117 Dreamstime.com:** Isselee (ur). **119 Dreamstime.com:** Melvinlee (gor). **Getty Images / iStock:** vojce (mr). **naturepl.com:** Kevin Schafer (ur). **121 Alamy Stock Photo:** Premaphotos (gor); Scenics & Science (mro). **Getty Images:** Moment / Douglas Klug (ur). **124–125 123RF.com:** Polsin Junpangpen. **124 123RF.com:** Phuong Nguyen Duy (gor). **Dreamstime.com:** Jaoueichi (ur). **Getty Images / iStock:** danefromspain (ml). **125 Dreamstime.com:** Lightfieldstudiosprod (gom). **Getty Images / iStock:** chuyu (u); MAGNIFIER (mo). **126 Alamy Stock Photo:** Les. Ladbury (gor). **127 Alamy Stock Photo:** Global Warming Images / Ashley Cooper (mlo). **Getty Images:** The Image Bank / Kim Steele (mro). **Getty Images / iStock:** Reimphoto (gom). **128 Dreamstime.com:** Heritage Pictures (gor); Nd3000 (mr). **129 Dreamstime.com:** Suwin Puengsamrong (gom). **Shutterstock.com:** Kent Raney (mr). **131 123RF.com:** Chayatorn Laorattanavech (mro). **Dreamstime.com:** Nikkytok (mru); Igor Yegorov (ur). **132 Dreamstime.com:** Ludmila Smite (ul). **133 Getty Images / iStock:** Picsfive (ur). **134 Getty Images / iStock:** pidjoe (ur). **135 Alamy Stock Photo:** Picture Partners (um). **136 Alamy Stock Photo:** Geopix (um); NG Images (ur). **137 NASA:** JSC PAO Web Team / Amiko Kauderer (um).

Alle weiteren Bilder © Dorling Kindersley
Weitere Informationen unter: www.dkimages.com

Dorling Kindersley dankt:
Helen Peters für das Register.

Über den Illustrator

Sam Falconer interessiert sich sehr für Naturwissenschaften. Seine Illustrationen erscheinen unter anderem in den Zeitschriften *National Geographic*, *Scientific American* und dem *New Scientist*. Dies ist sein zweites Kinderbuch.